現代経営学の構図

水野清文　編著

五絃舎

はしがき

　本書は、大学生や社会人、経営学の初学者等にも対応するよう配慮した内容となっています。内容のレベルは初心者向けとし、理解しやすくするため、平易な言葉を用いるように心掛けるとともに、基本的な概念や通説を体系的に学べる構成とし、理論と実際を照らし合わせる意味で現場の事例も取り入れています。読者が経営学についての基礎的な理解と興味を深めていくことを本書の目的としています。

　本書の発刊にあたり、岡山商科大学の松井温文先生には企画からご寄稿に至るまで終始ご協力を賜りました。また、企画趣旨に賛同頂き貴重な原稿をお寄せ頂いた諸先生方と、企画段階からご支援頂いた五絃舎の長谷雅春社長には、この場を借りて謝意を表します。

2020年3月

水野　清文

目　　次

第1章　現代の企業

第1節　経営学の誕生と現代の企業

　時代環境が、その時代の思想、同時に制度を生み出す。現代において主要な役割を果たしている企業もその例外ではない。現代の企業は、自らの責任（responsibility）でリスク（risk）を負担しつつ自主的に意思決定（decision making）して、製品・サービスを生産して市場（market）に提供し、会計制度を通じてその評価（valuation）を受ける人間の組織形態である[1]。つまり、現代の企業は、社会経済制度の中で自ら目標に向けて主体的な役割を果たしつつ、社会経済制度からの要請に積極的に応える存在である。

　このような近代的企業は、中世のヨーロッパで有限責任を制度化して敗者復活を可能にする株式会社として誕生した。国家を超えた1つの文明が新たな社会経済制度を模索し、ヨーロッパにおいてルネッサンス「文明復興」の潮流の中で近代的企業が誕生したことになる。この時代にみられるのは、政治、思想、哲学、宗教、文化、芸術、社会、経済の多様な分野における新たな潮流であり、とりわけ経済が前面に出る時代が到来したことに注目したい。日本の場合は、江戸時代の18世紀中期以降に体制が完成したとされる大坂米市場に近代的企業の萌芽をみることができる[2]。

　参加者の敗者復活が可能な株式会社の存在は、新たな事業を目指す人々にとって極めて有効な組織形態であった。ヨーロッパのルネッサンス期におけるイタ

1　清水龍瑩『日本企業の活性化・個別化－新しい経営学－』中央経済社、1993年、2頁。
2　高槻泰郎『大坂堂島米市場』講談社現代新書、2018年、92頁。2013年6月に大阪証券取引所の現物市場（上場会社1,100社）は東京証券取引所の現物市場とともに日本取引所グループに統合され、現在の大阪取引所は日本唯一の市場デリバティブに特化した証券市場である。

リア、スペイン、ポルトガル、オランダ等の冒険企業がパイオニア的役割を果たした。その後18世紀半ばにイギリスで生起した産業革命（industrial revolution）を契機に軽工業による大量生産が可能になり、近代的企業が芽生える。アダム・スミス（Adam Smith）が1776年に出版した『諸国民の富』は、製造業における「分業」の経済的効果をはじめて認識した著作である。また製造業の発展に並行して、金融・保険・運輸等の新たな産業分野が社会経済システムの一翼を担うことになった。

　一方、1789年のフランス革命を契機に国民的統一性を目指して国民国家（nation state）を形成する機運が生まれ、行政、司法、教育、産業、金融等の分野における新たな社会経済システムが整備される。この結果、欧米諸国において近代社会の象徴として鉄鋼業、造船業、石油精製業、化学工業など重厚長大型の産業を担う大規模企業が誕生した。1920年代に世界最大の先進工業国に成長したアメリカでは、製造業の分野おいて工場の管理技法が研究され、テイラー（Frederick W. Taylor）が人間と仕事の間の関係を分析し、経営学の原点とされる科学的管理法（scientific management）を生み出した。この科学的管理法は、新興国アメリカにおいてロックフェラー（石油）、デューク（タバコ）、カーネギー（鉄鋼）、バンタービルト（鉄道）等に代表される大実業家（captain of industry）の誕生につながる[3]。当時、大都会を中心に「豊かな社会」「大衆消費社会」が生まれ、流通・サービス部門の第三次産業が拡大し、新たにマーケティングの経営手法が芽生えた。

　ドラッカー（Perter F. Drucker）は、第二次世界大戦を通じて戦時生産への転換は企業の手によって行われたことに注目し、経済活動における生産性の水準を規定するのは「企業」であることを明らかにした。彼は、大規模事業体（bigbusiness organization）の政治的、社会的、経済的構造の価格に関わる問題は、特定の国に限定されることなくあらゆる国に共通する今日的問題だとする[4]。

3　Gomez-Mejia, Balkin, Cardy, *Management : People, Performance, Change*, third ed., McGraw-Hill, New York, 2008, p.22.

4　Drucker, Peter F., *Concept of the Corporation*, Transaction Publishers, New Brunswick, U.S.A., 2005, p.9.（上田惇生訳『企業とは何か－その社会的な使命』文藝春秋、2015年、8～9頁）。

利益は体制の如何を問わず経済活動を成り立たせるための保険料であり、評価のための尺度であり、同時に経営（management）は20世紀が生んだ社会的イノベーションと高く評価している。

　第二次世界大戦末期に出来上がったブレトンウッズ体制は、IMFに代表されるように社会経済制度に多大な影響を及ぼすことになった。米ドルを基軸通貨とする固定相場制は1971年のニクソン・ショックに至るまで続いた。新たな仕組みを模索しながら、1973年以降は各国の通貨の多くは変動相場制の下で評価され、為替相場が企業価値を規定する重要なファクターの１つとなった。

　企業の経営活動については、大規模企業にのみを注視すべきではない。日本の主要企業が上場する東京証券取引所の上場企業の場合、大規模企業を対象にした東証一部、東証二部の他にも、新興の中堅企業・中小企業を対象にしたマザーズ、ジャスダックが存在する（図表１－１）。ここで、自らの経営資源を最大限に発揮するために上場を目指すことなく、中小企業の利点を生かし経営環境に適切に対応する中小企業（small business, small and medium-sized entities）の存在も忘れてはならない[5]。

第2節　所有と経営の分離

　近代に至るまで財産はもっぱら個人が所有し、かつ使用するものであったが、産業化の進展により企業の大規模化が進み資金調達の主要な役割を株式が果たし、財産の概念が変質した。そのため、今日の社会経済制度のもとでは、調達した資本を適切に管理運用し組織を適切に維持発展させるための能力をもった専門経営者が必要となる[6]。

　前述のように新興国アメリカを中心に技術革新とともに情報通信・交通運輸

[5]　中小企業基本法は、製造業については資本金３億円以下・従業員300人以下、製造業については資本金３億円以下・従業員300人以下、卸売業については資本金１億円以下・従業員100人以下、小売業については資本金５千万円以下・従業員50人以下、サービス業については資本金５千万円以下・従業員100人以下の企業を中小企業とする（中小企業基本法第２条第１項）。
[6]　三戸公『財産の終焉』文真堂、1982年、178頁。

4

の手段が発達して、新たな市場において新規事業を目指す企業が勃興し、起業家精神に富んだ企業人が活躍した。この場合、企業は短期間のうちに巨額の資本を調達し、同時にその資本を長期間にわたり安定して運用しなければならない。そのためには、不特定多数の有限責任の株主（所有者）から多額の資本を調達する必要がある。現代の社会で活躍する企業の中核を有限責任株式会社（limited-liability joint-stock company）が占める所以である。

「狂騒の20年代」末の1929年10月24日に、世界の金融センターに成長したニューヨーク証券取引所の株価が大暴落し、その後も暴落を続け1933年までに時価総額の89％が失われた。この「大恐慌」を通じて、それまで高度成長を続け優良とされてきた上場企業の業績には不透明性が存在することが明らかになった。悪質な会計が大恐慌の直接の原因ではないものの、悪化させる原因の１つになったと言われる[7]。

一方で、1930年代には大規模企業の株主の中心は経営者ではなく有限責任の資本所有者に移り、自らの資本を提供する不特定多数の有限責任株主（limited-liability stockholder）と経営能力を発揮し中長期的な視点から経営管理（management）を担う専門経営者（professional manager）とが分かれるいわゆる「所有と経営の分離」が顕著になった。当時の事情を、経済と法律の視点からバーリー＝ミーンズ（Adolf A. Berle and Gardiner C.Means）が分析し、共著『近代株式会社と私有財産』において研究成果を発表した。彼らは、1932年のアメリカにおける株式の所有状況を通じて、大企業が寡占競争の時代に入り株式所有の分散に並行して大企業を中心に専門経営者による実質的な経営支配が浸透していることを明らかにした[8]。

言い換えれば、大規模化した近代的企業は、長期間にわたり多額の投資

7　Soll, Jacob, *The Reckoning : Financial Accountability and the Making and Breaking of Nations*, Penguin Books, U.S.A. ,2014, p.192.（村井章子訳『帳簿の世界史』文藝春秋、2015年、313頁）。

8　Berle, Adolf A. and Gardiner C. Means, *The Modern Corporation and Private Property*, Transaction Publishers, New Brunswick, 1932, p.5.（北島忠男訳『近代株式会社と私有財産』文雅堂銀行研究社、1958年、4頁）。

（investment）を追求し、同時にそのために必要な資本を公開資本市場（public capital market）において資金調達（finance）しなければならない。一方、専門経営者が中長期の経営戦略のもとに事業（business）を担当するため、結果として所有と経営が分離することになる。この場合、会社は、所有者と切り離された特定の権利と権限が与えられ、独立した人格（法人）として法的な権利を行使できる。このような企業は、社会一般に対する影響力が大きいため、公開会社（public corporation）の立場から、社会一般に対する情報開示（disclosure）が要求されるようになった。

　1933年にグラス＝スティーガル法が成立し、銀行と証券の兼業が禁止された。銀行業務と証券業務が明確に分離されたことにより資産と負債が把握しやすくなり、監査も容易になった。1933年に成立した証券法を根拠に1934年には証券取引委員会（Securities and Exchange Commission, SEC）が設立され、「一般に認められた会計原則」（Generally Accepted Accounting Principles, GAAP）が広く受け入れられる素地ができた。監査法人・公認会計士（certified public accountant, CPA）による外部監査と企業内の内部監査を通じて企業情報が開示される制度が確立されたことになる。このように、財産の中心が株式およびその他の有価証券（securities, valuable papers）に移り、その後の企業のグローバル化と情報通信技術の発達が証券市場の活性化に拍車をかけた。日本の場合、第二次世界大戦後においてGHQの政策の一環として1948年に証券取引法が公布され、同年7月に公認会計士法が成立した。1949年には日本公認会計士協会が設立されて[9]、制度面においてアメリカの影響を強く受けている。

　1990年代以降、グローバル化の進展と情報通信技術の発達により企業の経営戦略および資金調達について適時に適切な対応が迫られる。その意味で、企業経営の中核である取締役（director）の役割が重要になり、資本供者である株主との関係がさらに問われることになった。ここで取締役が経営活動に適切に対応するためには、相応しい経営資源の確保と関連する経済情報の測定が必要

9　1949年末の上場会社数は529社、銘柄数は650。新井益太郎『会計士監査制度史序説』中央経済社、1999年、5〜7頁。

6

であるが、その経済情報の測定は必ずしも容易ではない[10]。経済情報・会計情報に関しては目的適合性（relevance）、検証可能性（verifiability）、不偏性（freedom of bias）、量的表現可能性（quantifiability）の4つの基準が満たされれば不確実性は著しく軽減できる。近年、情報通信技術の発達により、企業に関し量的には豊富な経済情報が入手可能になったものの、株価、為替レート、金利等の財務指標が中心であり、質的に十全な経済情報を入手できるまで至っていない。一方で企業価値の重要性が認識され、また、近年、インターネットの普及により企業価値を示す1つの情報として時価総額（株価×発行済株式数）が容易に入手できるため、上場企業の株式関連に関する情報に対する関心が高まっている。

図表1－1　日本の上場会社数の推移

（単位：社）

	市場第一部	市場第二部	マザーズ	JASDAQスタンダード	JASDAQグロース	外国会社	PRO	合計
2019年末	2,160	488	315	669	37	4	33	3,706
2018年末	2,128	493	275	688	37	5	29	3,655
2017年末	2,062	517	247	707	41	6	22	3,602
2016年末	2,002	531	228	713	43	6	16	3,539
2015年末	1,934	543	220	747	44	9	14	3,511
2014年末	1,858	541	205	798	45	12	9	3,468
2013年末	1,774	559	191	828	48	11	6	3,417
2013/7/6 注2）	1,752【37】	571【162】	186【0】	851【851】	49【49】	11【1】	3【0】	3,423【1,100】
2012年末	1,695	415	180	－	－	10	3	2,303
2011年末	1,672	431	176	－	－	11	－	2,290
2010年末	1,670	431	179	－	－	12	－	2,292
2000年末	1,447	579	29	－	－	41	－	2,096
1990年末	1,191	436	－	－	－	125	－	1,752

注1）"PRO"は、2012年7月1日付の（株）TOKYO AIM取引所との合併により開設されたプロ向け市場（TOKYO PRO Market）を表す。
注2）【　】の数字は2013年7月16日付の（株）大阪証券取引所との現物市場の統合に伴い東証に上場した上場会社数。
出所：東京取引所ホームページ。

10　アメリカ会計学会は、「会計（accounting）は、判断（judgement）や意思決定（decision）の際に、経済情報（economic information）を識別（identifying）・測定（measuring）・伝達（communicating）するプロセス（process）、と定義している。」American Accounting Association, *A Statement of Basic Accounting Theory*, American Accounting Association, Illinois, U.S.A., 1966, p.1.（飯野利夫訳『アメリカ会計学会基礎的会計理論』国元書房、1969年、2頁）。

第3節　コーポレート・ガバナンス

　グローバル化の進展と情報通信技術の発達を背景に、企業の利害関係者
(stake holder) は多岐にわたり、利害関係者間の関係も激しく変化し、そのた
め、企業に関する株主（資本提供者）、経営専門家、従業員（労働提供者）、関与
先、顧客、地域住民、監督機関等の利害関係者に関する新たな仕組みが模索さ
れている。一般に株主の役割は、企業経営に関して責任を負うことではなく、
もっぱら専門経営者に対して投資機会や利益獲得の機会を提供することであ
る[11]。

　そもそも株式会社においては、株主は依頼人（principal）として有限責任の
資本のみを提供し、専門経営者が代理人（agent）として経営（経営戦略・技術
革新・販売戦略等）を依頼され、両者は機能的な関係にあり、決して支配・指
導、従属・追従の関係ではない。ただし、両者には利害関係を伴うため、一定
の指針が必要になる。株主の資本は株式市場を通して瞬時に移転が可能でまた
近年は年金基金、投資信託に代表される巨大な株主が存在するため、両者の間
には一定のルールを設ける必要がある。

　1990年代後半から続いた金融改革の一環として2005年に「会社法」が成立し、
2006年には「金融商品取引法」が成立し、資本市場に関する法律は整備された
ものの、経営環境が激しく変化する今日、制度改革を弛めることはできない。

　コーポレート・ガバナンスの目的は、企業経営にあたり利害関係者に対して
透明性・客観性・妥当性・開示性が十分担保される仕組みを構築することであ
る[12]。日本で2003年にアングロ・サクソン型経営システムを想定し、委員会設
置会社（当初は委員会等設置会社）の組織形態が導入された。委員会設置会社に

11　Monks, R. A. G. and Nell Minow, *Corporate Governance, 3ʳᵈ ed.,Blackwell*, , Transaction
　　Publishers, MA, U.S.A. ,2004, p.5.（ビジネスブレイン太田昭和訳『コーポレート・ガバナンス』
　　生産性出版、1999年、27頁）。
12　中垣昇『日本企業のダイナミズム』文眞堂、2011年、68頁。

おいては、執行と監視の分離を徹底させ、取締役の他に指名委員会、監査委員会、報酬委員会からなる３つの委員会が設けられ、それぞれの委員会には社外取締役が属する[13]。一方、社外取締役の人材不足が指摘されており、この社外取締役が日本型経営システムに馴染むかどうかについては議論の余地が残されている。

　確かに、株式は形式化（銘柄別）しやすく、数量化（１株当たり）しやすく、分かりやすい（自国通貨表示）指標で表示され、かつ瞬時に売買できる金融資産である。今日では、情報通信技術の発達も手伝い証券市場を通じて広く利用されている。一般に、アングロ・サクソン諸国においては株価および株主主権を重視する短期的な視点に立つ経営手法が採用され、日本においては企業の維持発展に期待して長期的視点に立つ経営手法が採用されてきた。グローバル化の進展が著しい今日、いずれの手法を採用するかが問われている。

　日本においては、2003年にコーポレート・ガバナンスの状況の開示が始まり、2015年６月にはコーポレート・ガバナンスの開示がさらに拡大した。また、上場企業に対してのスチュワードシップ・コードの適用が開始され、有価証券報告書が注目されるようになった。コーポレート・ガバナンスの意図を徹底させるために東京証券取引所が「コーポレート・ガバナンス・コード」（2015年６月１日）と「改定コーポレート・ガバナンス・コード」（2018年６月１日）を発表した[14]。さらに、今日の機関投資家は投資先企業の企業価値や経営戦略、さらに企業を取り巻く経営環境に対して多大な影響をもたらすことから、責任ある機関投資家としてのスチュワードシップの責任を明確にするために金融庁（「日本版スチュワードシップ・コードに関する有識者検討会」）が機関投資家向けの行動指針として「スチュワードシップ・コード」（2014年２月26日）を発表した。

　金融資本市場のグローバル化により、企業会計の変革が迫られている。とり

13　前掲、中垣昇、71頁。

14　東京証券取引所および監督機関である金融庁の果たす役割は重要である。両者ともに資本市場の監督機関などが構成する証券監督者国際機構（IOSCO, International Organization of Securities Commissions）の会員であり、情報開示の中核である「有価証券報告書」の作成・報告に関与している。

わけ、グローバル経済の下で、持続的な企業価値の向上を目指す企業においては、とりわけ包括利益（comprehensive income）の把握が課題になる[15]。日本において企業情報開示に関して日本基準、米国基準、それに国際財務報告基準（国際会計基準）（International Financial Reporting Standards, IFRS）の 3 つの基準があり、コンバージェンスに向け時間を要しているのが現状である。

第 4 節　日本的経営と日本企業

　これまで、日本企業は他国では珍しい終身雇用（career employment）、年功序列（seniority pay and promotion）、企業別労働組合（enterprise union）を基盤にする経営活動を続けてきた。近年に至るまで特に外国と人的交流が希薄な経営環境の下で、創業者の経営理念を継承し、社内少人数教育、小集団経営に重きをおく家族主義的経営が顕著にみられた。このような経営スタイルは、一時期の成功体験から日本的経営として評価された。その背景には、市場原理のみによる激しい企業間競争を避け、長期間の企業評価を可能にするゴーイング・コンサーン（継続事業）が存在していたからに他ならない。

　古くから、日本企業は「のれん」を大切にする事業を維持・成長させる努力を怠らなかった。企業は、もっぱら利害関係者間の信頼関係にもとづき人的資源を中核とする共同体として存続し、長期的な視点から信用を得られる製品とサービスの提供を最大の目標とする。その意味で、「ヒト作り」と「モノ作り」が企業目標の中核を占め、長期間かけてその目標を達成した企業が、いわゆる「暖簾」を誇る「老舗」になる。

　578年に創業し宮大工の伝統を引き継いだ大阪の金剛組が世界最古の企業とされる[16]。また日本には創業300年以上の企業が435社存在し、創業200年以上の企業が938社、創業100年以上の企業が195,185社存在し、国別では日本の老舗

15　伊藤邦雄『新・現代会計入門』日本経済新聞出版社、2014年、178頁。
16　帝国データバンク資料館・産業調査部編『百年続く企業の条件：老舗は変化を恐れない』朝日新書、2009年、52頁。

数が圧倒している[17]。極東の島国の日本においては、第二次世界大戦後の復興期に高度成長期までは、終身雇用、企業単位別労働組合組織、年功序列型の昇給・昇進システム、合議制による意思決定システムに代表される日本型経営システムが存在していた[18]。この背景には、第二次世界大戦後の日本経済を復興させるため金融機関に対しては大蔵省（現財務省・金融庁）、産業界に対しては（現経済産業省）の企業行政指導の下に官民挙げて新たな経営システムを追求した経緯がある。ここに伝統的な組織力・研究開発力を温存した旧財閥企業に加え、新市場・新製品を志向する新興企業が戦後の日本経済を牽引した。これらの企業は、資本調達、株主対策を安定させるために企業集団ごとに、メインバンクを中心にした系列システムを形成する。この日本特有のメインバンク制、株式相互持ち合い、系列システムが、高度成長期には有効に機能した。

　これまでの日本企業は、人的資源に重きをおき、伝統として伝わる経営理念を継承し、小集団による社内教育を徹底させるなど、小集団主義経営に務めてきた。一時期は一定の成功を収めて、その成果が「日本的経営」「日本型経営システム」として評価された。その背景には、過酷な市場競争による潰し合いを極力避け、長期的視点からの企業評価を可能にするゴーイング・コンサーン（継続事業体）の志向があったからに他ならない。

　そもそも企業は、人的資源を中核に共同体を意識しつつ利害関係者の間の信頼関係にもとづき、良質な製品・サービスの提供を最大の目標とすべきである。優れた日本企業は、「人材作り」「モノ作り」の基礎を固めるために長期的視点からの人材の技術・技法を磨きつつ企業独自の価値を維持・発展させる[19]。

　これまで日本企業の特徴とされてきた終身雇用、年功序列、企業別労働組合が揺らぎ始めているとはいえ、多くの日本企業の基底には残されている。企業は生産の場であると同時に生活の場と理解され、信頼関係がことさら重視され

17　前掲、帝国データバンク資料館・産業調査部編、50頁。

18　Abegglen, James C. and George Stalk, Jr., *Kaisha, The Japanese Corporation*, Basic Books, Inc., Publishers, New York, U.S.A. , 1985, p.181.（植山周一郎訳『カイシャ』講談社、1986年、249頁）。

19　前掲、中垣昇、68頁。

る存在である[20]。確かに、グローバル化の進展と情報通信技術の発達が著しい近年の経営環境の下で、日本的経営を貫徹させることは難しいものの、企業が社会の公器として長期的視点に立った企業活動を展開することが望ましい。

20　前掲、清水龍瑩、3頁。

第2章　経営戦略策定の前提プロセス

第1節　経営戦略策定の全体像

　経営戦略の策定はヒト・モノ・カネ・情報という経営資源を有効的に配分する重要な役割である。本章では、第3章経営戦略の説明に先立ち、経営戦略策定の前提プロセスについて説明する。経営戦略策定の基本的なプロセスは**図表2－1**のとおりである。

図表2－1　経営戦略策定のプロセス

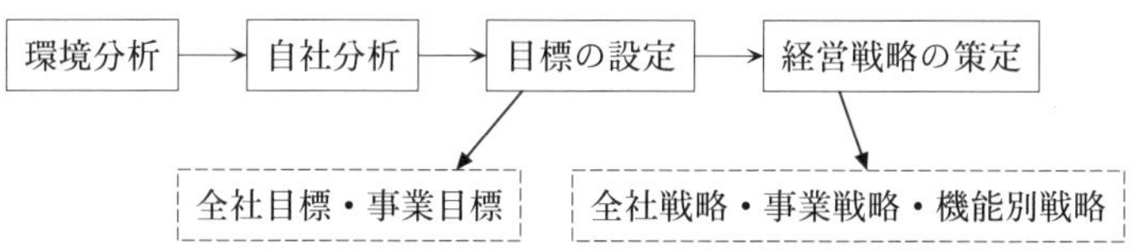

```
┌──────┐   ┌──────┐   ┌──────┐   ┌──────────┐
│環境分析│→ │自社分析│→ │目標の設定│→ │経営戦略の策定│
└──────┘   └──────┘   └──────┘   └──────────┘
                          ↓             ↓
              ┌─────────────┐   ┌──────────────────────┐
              │全社目標・事業目標│   │全社戦略・事業戦略・機能別戦略│
              └─────────────┘   └──────────────────────┘
```

　出所：筆者作成

【環境分析】

　環境分析は、国際関係、政治、経済、人口統計、需要の変化、競合他社の分析等といった自社を取り巻く環境の分析をする。重要なのは大局を読み間違えないことである。環境は自社の力ではコントロールできない。そのため、自社を取り巻く環境を認識し、その変化を予測して適応させていく必要がある。その要因はマクロ環境と製品・市場環境の2つに分類することができる[1]。

1　石井淳蔵・奥村昭博・加護野忠男・野中郁次郎『経営戦略論』有斐閣、1985年、pp.146～153。

a．マクロ環境の分類

　マクロ環境は、企業を取り巻く「一般的な環境」を意味する。この内容には次のものがあげられる。

①一般経済

　景気の変動、財政、物価、などがあげられる。

②人口統計・所得階層

　消費財を取り扱う産業では深く関連する。人口や所得の現状や将来は統計から読み取れるものである。

③技術革新と産業構造の変化

　生産財を取り扱う産業では深く関連する。新技術が産業構造までも変えてしまうこともある。

④社会・文化

　社会や文化は急激に変化することは少ないが、そうはいっても時代の変化に適応できなければ有効な経営戦略は立案できない。

⑤政治・法律

　貿易の規制や環境保護の法律、薬価基準などの影響などがあげられる。こうした影響から経営戦略の変更を余儀なくされることもある。

b．製品・市場環境の分類

　自社が現在競争をしている分野（もしくは将来競争するであろう分野）である。

①市場

　この分析の内容には、市場の規模、市場の成長率と将来性、消費者行動、商品ライフサイクルなどがあげられる。

②流通

　原材料や製品の仕入先は販売先はもちろんのこと、金融機関や運送業者、保険業者など、流通経路上にあるすべてが関係してくる。

③技術変化

　技術変化を予測することは研究開発戦略につながる。

④法規制

　薬品、金融、通信などの産業は特に大きな影響を受ける。

【自社分析】

　自社の経営資源について分析を行う。また、組織構造や宣伝広告、企業文化などの分析する必要がある。この分析ができていないと次のプロセスの企業目標の設定ができない。

　自社分析の目的について河野は次の3つをあげており[2]、

　①自社の強みに合った経営戦略を見つけ出す。

　②自社の弱みを補強する。

　③弱みを補強するための経営戦略の必要をトップ・マネジメントに認識させる。

　この内容については詳細な経営戦略モデルを提唱したことで知られるアンゾフもほぼ同様な認識をしている[3]。

【目標の設定】

　ここでいう目標とは長期的目標を意味する。なお、経営戦略の策定プロセスに企業目標の設定を含めない（**図表2-1**でいう「経営戦略の策定」のみ）という経営学者[4]もいるが、経営戦略は企業（事業）の長期的な目標を達成するために、自社の経営資源を有効配分することであるため、本書では、目標の設定に必要な環境分析から経営戦略の策定までを含める。

　環境分析と自社分析をもとに目標を設定する。また、目標の設定にあたりドメインを決定しなければならない。ドメインとは、企業の活動領域である。そ

2　河野豊弘『現代の経営―企業文化と戦略の適合―』ダイヤモンド社、1992年、p.124。

3　中村元一・黒田哲彦訳『最新・戦略経営』産能大出版部、1990年
　（H.Igor Ansoff, The New Corporate Strategy, Wiley, 1988）。

4　例えば、アンゾフ（H.Igor Ansoff）は、経営戦略のプロセスとして企業目標を含めないと明確に述べているわけではないが、彼の残した数多くの書籍より、目標が立てられた後から（戦略の策定のみ）が経営戦略であると読み取れる。

16

れは、自社の経営資源、消費者ニーズの変化、競合他社の存在等の要素を複合的観点から決定する。

第2節　経営戦略の3つのレベル

　経営戦略には階層別に3つのレベルがあり、それぞれで経営戦略が策定される。3つのレベルとは、全社戦略（企業戦略）、事業戦略、機能別戦略である（図表2－2）。

図表2－2　経営戦略策定のプロセス

全社戦略			
	事業戦略	事業戦略	事業戦略
生　産　戦　略			
研　究　開　発　戦　略			
人　事　戦　略			
財　務　戦　略			
マーケティング戦略			

出所：石井淳蔵・奥村昭博, 加護野忠男, 野中郁次郎著『経営戦略論』1985年、p.11をもとに筆者作成

　全社戦略（企業戦略）は、企業全体としてどのような事業分野で行動すべきかについての戦略である。経営戦略の構成要素としては、活動領域の選択と事業間の資源展開である。

　事業戦略は、特定事業でいかに競争するかという戦略である。経営戦略の構

成要素としては、資源展開と競争優位性である。事業部を1つしかもたない場合は、全社戦略＝事業戦略となる。

　機能別戦略は、資源の有効活用に関する戦略である。経営戦略の構成要素としては、資源展開とシナジー（相乗効果）である。生産、研究開発、人事、財務、マーケティングなどについて策定される。手順としては、通常、企業戦略→事業戦略→機能別戦略の順に決められていく。

参考文献

石井淳蔵・奥村昭博、加護野忠男、野中郁次郎『経営戦略論』1985年。

河野豊弘『現代の経営―企業文化と戦略の適合―』ダイヤモンド社、1992年。

中村元一・黒田哲彦訳『最新・戦略経営』産能大出版部、1990年。

　（H.Igor Ansoff,The New Corporate Strategy,Wiley,1988）

第3章　経営戦略

第1節　経験曲線（Experience Curve）

　経験曲線とは、累積生産量と単位コストの関係を表した曲線で累積生産量が増加していくとそれにつれて単位コストが減少する経験法則のことであり、様々な経営戦略の策定の際の前提条件となっている場合があるので最初に学習していくこととする。

　一般に製品の累積生産量が2倍になると単位コストがおよそ20%減少する関係にあるといわれている。この経験法則は、1960年代にアメリカのボストン・コンサルティング・グループが提唱したので、この曲線は、別名ボストン・ラーニング・カーブとも呼ばれている[1]。

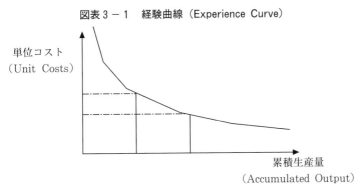

図表3−1　経験曲線（Experience Curve）

単位コスト
（Unit Costs）

累積生産量
（Accumulated Output）

出所：Hill Charles W. L. and Greth R. Jones "Strategic Management"
Houghton Mifflin Company 1998

1　Hill Charles W. L. and Gareth R. Jones "Strategic Management"　Houghton Mifflin Company 1999, pp.148-149.

　経験曲線は図表3－1に示すようにコストに対する効果が逓減的に減少していく実証的な経験法則であるが、将来コストの予測がある程度可能で便利であることから、後から述べるPPM（プロダクト・ポートフォリオ・マネジメント）などの基礎的データとして、経営戦略の立案に実践的に応用されることが多い。

　経験曲線に示されるコスト逓減効果が起こる背景には、組立作業や一般的な事務業務での学習効果による能率向上がある。したがって経験曲線は労働集約的な工程が多数存在する複雑な製造業などで比較的良く成立するといわれている。

　このためメーカーが新工場を建設する場合などに、この経験曲線をあらかじめ加味した経営戦略が立案されることがある。例えば経験曲線の効果を見込んで積極的な低プライシング戦略で早期に高いマーケット・シェアを獲得して、結果として低コストに比較優位を求めるコストリーダーシップ戦略の策定根拠となる。新製品の製造・販売開始に臨んで累積生産量を増やすための積極的な設備投資に加え、効果的に広告宣伝費を使い、予想される累積生産量から経験曲線にもとづいて将来のコスト予測をおこなう。その結果を踏まえて、低価格設定により販売をおこない、早期の高シェア獲得を狙うのである。

　また大企業の購買担当者が部品メーカーを相手に、この経験曲線を応用する場合もある。経験曲線を前提として購入部品の値下げ交渉を先取りしていくのである。ただし技術革新の著しい業界では、製品や生産工程の更新のたびに新しい経験曲線にシフトすることも考えられるため、技術革新の著しい業界に適用するのは不向きである。ゆえに経験曲線を購買計画、生産計画、販売計画等に用いる場合には、ある程度、労働集約的な製品であること、技術革新がそれほど大きくないこと、の2点を満たしていることが条件になることに注意する必要がある。

第 2 節　プロダクト・ライフ・サイクル（Product Life Cycle）

　製品には必ず寿命があるというのが、このプロダクト・ライフ・サイクルの考え方の根底にある思想である。今やVHSのビデオデッキや3.5インチフロッピーディスクなどは知らない人の方が多いかもしれない。一世を風靡した人気商品もやがては廃れてしまう。このプロダクト・ライフ・サイクルの考え方は、製品の市場浸透率の変遷を 4 つの段階で説明した製品の誕生から消滅までを示すモデルとして示される。 4 つの段階を導入期、成長期、成熟期、衰退期と呼び、それぞれの段階に応じた市場環境とそれに対応する基本戦略を提示したモデルである[2]。

図表 3 － 2　プロダクト・ライフ・サイクル（Product Life Cycle）

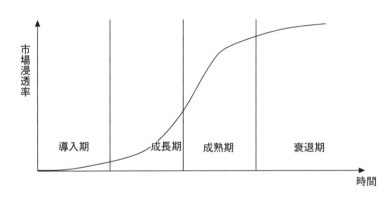

出所：神田昌典『60分間・企業ダントツ化プロジェクト』ダイヤモンド社、2002年、238頁

（1）**導入期**：製品を市場に投入した段階なので、市場浸透率は低く、需要も少なく売上も小さい。研究開発費がかさむだけでなく、製品の認知度を高め、市場に浸透させることが最優先課題なので、広告宣伝費もかさみ、

2　神田昌典『60分間・企業ダントツ化プロジェクト』ダイヤモンド社、2002年。

その結果、利益はほとんど出ない。

(2) **成長期**：市場浸透率が急速に伸びる段階で、その売れ行きをみて類似品が発生し、新規参入の競争企業も増加する。消費者ニーズも多様化するため、製品の改良や差別化戦略を重視し、自社製品のブランド力を高め、さらに市場に浸透させることが重要な戦略となる。顧客の要求に応えるために多品種少量生産の傾向に陥り易い時期で、特別仕様の製品も多くなる。

(3) **成熟期**：市場の成長が鈍化し、市場浸透率に加えて、売上・利益ともに頭打ちとなる段階である。マーケット・シェア上位の企業にとっては、その優位性を活かし、マーケット・シェアを維持することが重要な戦略となり、マーケット・シェア下位の企業にとっては生き残りをかけ、特定ターゲットを狙ったニッチ戦略への転換が必要となる。

(4) **衰退期**：値引き競争が頻繁におこなわれ、市場浸透率は、ほぼ飽和状態となり売上も利益も減少する時期である。投資を抑えて生産の効率性を高めながら、既存顧客を維持することが重要な戦略になる。またブランドの残存価値を他の新製品に移行するなどの生き残り策や、さらには撤退時期を判断することも重要である。

こうしたプロダクト・ライフ・サイクルの4段階は、すべての製品に当てはまるわけではない。製品に魅力がなければ、導入後すぐに衰退してしまうこともある。また最近では消費者ニーズの移り変わりの早さとPOSデータなどによる売れ筋商品分析の影響により、コンビニエンス・ストアなどでは、まだ十分に売れている成熟期の商品でも早めの経営判断から新製品に置き換わって廃止となる例も見られ、プロダクト・ライフ・サイクルの周期そのものが短くなってきている。

第 3 節　PPM（Product Portfolio Management）

　第 1 節で経験曲線を、第 2 節でプロダクト・ライフ・サイクルをあらかじめ
学んできたのには、それなりの理由がある。この第 3 節のPPM（プロダクト・
ポートフォリオ・マネジメント）の前提条件には、経験曲線とプロダクト・ライ
フ・サイクルの考え方があらかじめ深く入り込んでいるからである。PPMと
はプロダクト・ポートフォリオ・マネジメントの頭文字をとった経営用語で、
前述のボストン・コンサルティング・グループが1970年代に提唱した経営管理
手法のことである。多角化戦略を実施して複数の異なる製品群を製造・販売し
ている企業が、それぞれの製品群へ効果的に資源を配分できるよう、支援する
ための分析ツールとして使用されている。「市場成長率」と「相対的マーケッ
ト・シェア」の関係を分析することにより、製品群の状態やバランスを把握で
きる。PPM分析では、縦軸が「市場成長率」、横軸が「相対的マーケット・シェ
ア」となり、その値の高低により、図は 4 つの象限に分類される[3]。

図表 3 － 3　PPM（プロダクト・ポートフォリオ・マネジメント）

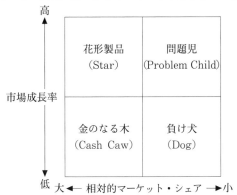

出所：相葉宏二『MBA　経営戦略』ダイヤモンド社、1999年、44頁

3　相葉宏二『MBA 経営戦略』ダイヤモンド社、1999年、44頁。

　各製品群を図にプロットすれば、各製品群間の相対的な位置づけや状態を視覚的に把握することが可能となる。複数の製品群を展開する企業がそれぞれの製品群を全社的にマネジメントし、企業全体としてのキャッシュの創出とそのキャッシュの用途を適切に管理するとともに、各製品群の新陳代謝を総合的に全社的視点で管理するフレームワークである。具体的には、縦軸を「市場成長率」、横軸を「相対的マーケット・シェア」とし、縦横2×2の4象限のマトリックスをつくり、その中に各製品群の規模を円の大きさであらわしてプロットする。縦軸の「市場成長率」には、年間の市場規模の成長率が、一般的に用いられている。横軸の「相対的マーケット・シェア」には、トップ・シェアの企業に対する自社のシェアの割合を用いる。例えばトップ・シェアの企業が30％、自社が15％の場合、「相対的マーケット・シェア」は0.5となる。自社がトップ・シェアの企業の場合は、シェア2位の企業に対する自社のシェアを用いる。例えば当該製品群の自社のシェアが50％で業界1位、2位企業が25％の場合、「相対的マーケット・シェア」は2.0となる。

　この分析では、縦軸の「市場成長率」の高-低は、キャッシュ・アウト（資金流出）の大-小と正の相関関係にあるといわれている。なぜなら「市場成長率」が高ければ、それに応じて、すぐさま生産規模を拡大しなければならず、投資額が拡大し、キャッシュ・アウトが増加すると考えられるからである。また横軸の「相対的マーケット・シェア」の高-低は、キャッシュ・インの大-小と正の相関関係があるといわれている。なぜなら「相対的マーケット・シェア」が高ければ、比較的コストをかけずにキャッシュを獲得できると考えられるからである。

　PPMの分析により、各製品群は、4つの象限、花形製品、金のなる木、問題児、負け犬、のいずれかに分類される。PPMでは以下に述べる各象限の考え方にもとづき、今後の全社的な資源配分が決定されることになる。

【金のなる木】

　市場成長率は低く、相対的マーケット・シェアは高い製品群である。市場は成熟化していて、これから高成長が見込めない状況下で、マーケット・シェア

だけが高い製品群である。市場の高成長が見込めない以上、新規に多額の投資はせずに、減価償却費の範囲内程度で利益を最大化する経営戦略を採用するのが得策となる。4つのセルの中で1番の稼ぎ頭で、ここで得たキャッシュを他のセルの製品群へ投資し、投資した製品群の成長を図る。金のなる木は、相対的マーケット・シェアが高く、多くのキャッシュを生み出す一方で、成長の鈍化につれてキャッシュ・アウトが減り、多くのキャッシュ・インが期待できる製品群である。金のなる木に位置する製品群は、金のなる木の状態をできるだけ長期にわたって維持することが求められ、そのための最低限の再投資は惜しんではならない。

【花形製品】

　市場成長率、相対的マーケット・シェア、両方ともに高い製品群である。市場は成長途上であるため最大市場規模には達していないが、相対的マーケット・シェアが高いため、金のなる木に次いで大きなキャッシュ・インを期待できる。しかし今後も拡大していく市場に合わせて継続的に生産規模を拡大する必要があるため、資金流出も大きくなり、キャッシュ・アウトを差し引いた純粋な意味でのキャッシュ・インは金のなる木ほどは望めない。継続的に投資をおこない、金のなる木に育てていく必要がある。このように花形製品は、相対的マーケット・シェアが高く、多くのキャッシュを生み出す一方、市場の成長に伴い多くのキャッシュが必要な製品群であるため、花形製品に位置する製品群に対しては、さらに投資をおこない、金のなる木へと育成していく必要がある。

【問題児】

　市場成長率は高いものの、相対的マーケット・シェアが低い製品群である。キャッシュ・インが少ないのに、キャッシュ・アウトは大きいという問題を抱えている。早めに手を打って積極的投資によって花形に育て上げる戦略を採用するか、撤退を検討する。施策を講じるのが遅れると、いつまでも資金流出が続いてしまい、さらには負け犬になってしまう。問題児は、多くのキャッシュが必要なのにもかかわらず、あまりキャッシュを生み出さないという特徴がある。問題児に位置する製品群は、投資して花形製品に育成するか、撤退するか

の早期の判断が必要となる。

【負け犬】

　市場成長率、相対的マーケット・シェアの両方ともに低い製品群である。変動費をカバーできて、一定の限界利益を稼げる状況であれば、これ以上の投資をせずに収穫戦略を採用することも考えられる。限界利益も稼げない状況であれば、撤退や売却を検討する。負け犬は、シェアが低く成長が期待しにくい製品群である。負け犬に位置する製品群は、早急な収穫戦略あるいは撤退戦略の検討が必要になる。

　PPM分析では、図にプロットされる各製品群は、売上の大きさを表す円で示されるが、そのため各製品群は状態の認識とともに、位置や売上の大きさから製品群同士の比較ができる。このPPMの分析結果を利用すれば、経営者は有限である経営資源の配分について、優先順位をつけ易くなり、製品群の強化、維持、撤退などの方針も検討し易くなる。このようにPPMは大変有用なフレームワークであるが、金のなる木や負け犬と判断された成熟市場においても、その後予測できなかった画期的なイノベーションによってさらに市場が成長することがある。つまり市場の成長を読み間違えることがあるので十分に注意しなければならない。また負け犬に分類されて撤退が決定した製品群の従業員は、モラルの低下する恐れがあり、またそれによって衰退が加速されてしまう可能性があることから、このような分析をするに際しては、社内での十分な情報管理が必要となる。さらにPPM分析ではキャッシュの需要と獲得という財務的な面が重要視されているが、各製品群間のシナジーなどの効果が考慮されていないという問題点もある。具体的には、企業内で負け犬に分類された製品群が金のなる木の製品群の中間財を供給していて、その社内仕切り価格が安く計上されている場合などである。また相対的マーケット・シェアを強調した分析なので、シェアを過度に追求せずに高利益を追求する差別化戦略の優位性についても、考慮されていない。他にも金のなる木と分類した製品群への投資を、金のなる木だから更新投資だけで良いと考え、市場の変化や成長への対応を怠る

と、当該分野の技術革新に後れを取ってしまい、金のなる木の製品群の衰退時期を早めてしまうというリスクもある。

第 4 節　競争優位（Competitive Advantage）

ポーター（M.E.Porter）は、競合他社に打ち勝ち競争優位を築くための「3つの基本戦略」を提唱している。これは、1980年に彼の著書、『競争の戦略』の中で提示されて以降、競争戦略のフレームワークとして世界中で活用されている[4]。

ポーターの競争優位を築くための「3つの基本戦略」とは、

（1）コストリーダーシップ戦略

経験の蓄積が効率性を増すという経験曲線の効果と規模の経済の追求により、コストで優位に立とうとする戦略である。幅広いターゲットを狙い、低コストを実現することで、競合他社と同じ価格の場合は競合他社より高い利益を得られ、また競合他社より低価格にすれば大きなマーケット・シェアを獲得するなどの優位性が得られる。

（2）差別化戦略

幅広いターゲットの顧客層に対して、自社の製品やサービスを競合他社とは違うすばらしいものと顧客に認知してもらい、業界での優位性を築こうとする戦略である。差別化は、ブランドイメージや商品の機能、技術力による品質、顧客サービスなどで、おこなわれる。

（3）集中戦略

特定の顧客セグメント、特定の製品の種類、特定の地域などに資源を集中させ、特定の狭いターゲットの顧客層に対して、コストリーダーシップ、差別化、あるいはその両方を実現しようとする戦略である。主に経営資源に限りがあるときに用いられる。

4　Porter, Michael E.（1980）"Competitive Strategy" The Free Press（土岐　中辻　小野寺訳『競争の戦略』ダイヤモンド社、1982。

28

ポーターは、企業においては、この「3つの基本戦略」のうち、どれか1つに決めて、徹底的に実行すべきだと提唱しているが、彼の「競争優位」を真に理解するためには、まず彼のファイブ・フォース・モデルを学ばなければならない[5]。

図表3－4　M. E. ポーターのファイブ・フォース・モデル（Michael E. Porter Five Forces Model）

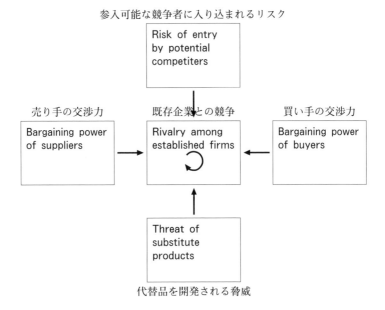

出所：ポーター　1999年、44頁、『競争優位の戦略』ダイヤモンド社、1985年、59頁

ファイブ・フォース・モデルとは、ポーターの提唱した業界における特徴や収益構造を分析し、経営戦略を策定するためのフレームワークである。ファイブ・フォース（Five Forces）とは、5つの力、つまり5つの競争要因のことを指す。この5つの競争要因を分析することで、「企業の競争を生んでいる要因」を明確にし、5つの競争要因の状況を把握することによって、「競争優位」を

5　Porter, Michael E.（1985）"Competitive Advantage" The Free Press（土岐　中辻　小野寺　訳『競争優位の戦略』ダイヤモンド社（1985）

確立するための経営戦略を立案することができる。

【5つの競争要因】

① 業界内の既存企業との競争

　まず1つ目の力は業界内の既存企業との競争である。同じ業界内では既存企業間で同じ顧客を奪い合い競争することで、互いの利益は減少する。具体的には、自分の詳しく知っている業界で、そのうちの1社の社長になったつもりで図表2-4の矢印の大きさを力の大きさに見立てて、その矢印が大きいか小さいか分析してみると良い。敵対関係が激しく、矢印が大きくなる業界としては、既存企業が多く存在している業界、成長スピードが遅くなっている業界、市場が成熟し差別化が難しくなっている業界などがある。ただし中華街でラーメン専門店を営んでいる場合に、隣が肉饅専門店だとしたら同じ顧客を奪い合い競争するというよりも肉饅を食べた客が、次はラーメンを食べに自分の店に入ってくれるというような補完関係にあるかもしれないので、詳しい調査が必要である。

② 参入可能な競争者に入り込まれるリスク

　続いて、参入可能な競争者に入り込まれるリスクである。自社が属する業界への新規参入企業が増加すると、自社のマーケット・シェアが奪われる可能性があり、これが5つの力の2つ目になる。新規参入は自動車業界など初期投資額が大きく、参入障壁の高い業界ではあまり問題にならないが、参入障壁の低い業界では大きな脅威になる。新規参入が予想される業界においては、新規参入企業の調査や参入障壁を高くする取り組みが必要不可欠となる。参入障壁が高ければ、矢印は小さくなり、参入障壁が低ければ、矢印は大きくなる。

③ 代替品を開発される脅威

　既存商品と同じ役割を果たす代替品や代替サービスが登場すると、自社の商品やサービスの価値が相対的に低下してしまう可能性があり、これが3つ目の力である。代替品を開発される可能性が低ければ、矢印は小さくなり、高ければ、矢印は大きくなる。

④ 売り手の交渉力

　売り手とは、原材料や部品等を供給する業者（サプライヤー）のことを指す。このサプライヤーの交渉力が強い場合、原材料価格が高くなり、サプライヤーの交渉力が弱い場合、安く仕入れることができる、これが4つ目の力である。交渉力の強い側が、自社の利益を最大化しようとする結果、交渉力の弱い側のコスト負担はどうしても増加してしまう。売り手の交渉力が強くなる原因としては、希少な材料を使用している、差別化された秘密の製造方法を採用している、供給業者自体の数が少ないなどのケースがある。このような状況では、売り手の力が強くなり、結果として矢印は大きくなる。したがって対策としては二社購買の活用などにより特定業者への依存度を低くすることや、代替材料の開発推進を図り、矢印を小さくする工夫をすることが必要である。

⑤ 買い手の交渉力

　最後は買い手の交渉力である。買い手である製品やサービスの購買者側の交渉力が強い場合、値引き交渉に応じざるを得ず、利益が少なくなる。これが5つ目の力である。買い手の交渉力が強くなるケースとしては、買い手の方が圧倒的に大企業である場合、買い手の数が限られている場合、特定の企業の仕様になっていて、その企業にしか納品できないような製品の場合などがある。このような状況では、買い手の交渉力が高まり、結果として矢印は大きくなる。

　競争優位をしっかりと理解するためには、この節の最初に記述した「3つの基本戦略」を理解するとともに、5つの力のファイブ・フォース・モデルで分析した結果、5つの矢印がどうなったかをもう一度、確認する必要がある。自社の分析で、大きな矢印ばかりであれば、競争優位があるとはいえない。5つの矢印のうち、少なくとも一つのしっかりとした小さな矢印が存在することが利益と競争優位の源泉となる。より多くの小さな矢印を確保することにより、その企業の競争優位は確固たるものになると考えられる。

第 5 節　コア・コンピタンス（Core Competence）

　コア・コンピタンスとは、ハメル（G.Hamel）とプラハラード（C.K.Prehalad）の著書『コア・コンピタンス経営』によって広められた概念で、「他社に真似できない企業の利益の源泉となる能力」のことである[6]。

　未来において強い競争力を保ち続けるためには、コア・コンピタンスを全社的に認識し、その強みから成果を生み出す組織学習が大切になる。コア・コンピタンスを磨き上げるための組織学習を繰り返すことで、環境変化にも柔軟かつ大胆に対応できる。多角化戦略を実施する際にも、自社のコア・コンピタンスを正しく認識して新規事業にそれをコピーできることが重要で、コア・コンピタンスという自社固有の経営資源を明らかにすれば、それを経営資源として使って新たな事業を容易に展開することが可能になる。なおその能力がコア・コンピタンスかどうかを見極める場合には、模倣可能性（Imitability）、移動可能性（Transferability）、代替可能性（Substitutability）、耐久性（Durability）の 4 つのポイントからのテストをしてみる必要があるが、この章でお馴染みのポーターのバリューチェーンの図を自分で詳細に描いてみることにより、コア・コンピタンスが企業のどこにあるかを発見することが容易となる。

　どの要素がコア・コンピタンスかは、市場環境や競争環境によっても異なり、またいったん築いた企業のかけがえのないコア・コンピタンスも、市場環境の変化とともに陳腐化する恐れがあるため、継続的な投資やコア・コンピタンスの再定義、新たなコア・コンピタンスの育成なども必要である。

6　Hamel, Gary and Prahalad C. K.（1994）"Competing for the Future" Harvard Business School Press.

図表 3 － 5　ポーターのバリューチェーン（Michael E. Porter The Value Chain）

サポート活動 Support	インフラストラクチュア　Firm Infrastructure					Margin マ|ー|ジ|ン
	人事・労務管理　Human Resource Management					
	技術開発　Technology Development					
	調達（購買活動）　Procurement					
	購買物流 Inbound Logistics	製造 Operations	出荷物流 Outbound Logistics	販売 マーケティング Marketing & Sales	ｱﾌﾀｰｻｰﾋﾞｽ Service	

主要活動　Primary Activities

出所：M.E. ポーター『競争優位の戦略』ダイヤモンド社、1985年、8 頁

　コア・コンピタンスには、複数の商品や市場に対しても応用できる汎用性が求められているが、基本的には次の 4 つのポイントからのテストをして、判定して見ればわかりやすい。

① 模倣可能性（Imitability）

　模倣可能性とは、その技術やスキルが競合他社に簡単に真似できるものであるかという観点からのテストである。模倣可能性が低いほど、その事業や製品において他社は自社に追いつくことが難しく、有効なコア・コンピタンスであるといえる。

② 移転可能性（Transferability）

　移転可能性は、特定の種類の製品だけではなく、その企業内の多くの製品や事業に応用ができ、幅広く展開していくことができるかどうかという観点からのテストである。移転可能性が高いほど、その強みの社内汎用性が高いことになり、次々に優れた商品やサービスを提供できることになるので、有効なコア・コンピタンスであるといえる。

③ 代替可能性（Substitutability）

　代替可能性は、その強みが簡単に他の方法でおき換えることのできないものかどうかという観点からのテストである。その技術やスキルの代替可能性が低いほど、その分野におけるコア・コンピタンスとしての価値が大きくなり、高いマーケット・シェアを獲得することができ、強力なコア・コンピタンスであるといえる。

④ 耐久性（Durability）

　耐久性は、そのコア・コンピタンスが長期に渡って持続性があるかどうかという観点からのテストである。耐久性が高いほど、コア・コンピタンスの価値が廃れにくいものとなり、長期に渡ってキャッシュフローを稼ぎ出す源泉となる。ITなどの技術の進歩が著しい分野では日々新たな技術や発見が生まれているため、その耐久性は低くなりがちであり、名声やブランド的価値など長期にわたって大きな変動の少ないものは、耐久性が高くなる傾向があり、強力なコア・コンピタンスであるといえる。

　企業は大黒柱となるコア・コンピタンスを幹として、その周りにいくつもの小さなコア・コンピタンスが枝として存在する大木のような状態でその経営が成り立っているといわれている。そしてコア・コンピタンスは、よく例に出されるHondaのエンジン技術のように技術分野の能力に限らず、原材料を安く仕入れる購買能力であったり、持続的に新製品を生み出す研究開発能力であったり、良質な人的経営資源を採用して育成する人事管理能力であったりと、多種多様であり、これらがコア・コンピタンスとして長期間にわたり企業を幹や枝として支えているのである。図表3－5を自分の勤務している会社や良く知っている会社について、他社と比較しながら各項目の内部まで詳細に描いてみるとコア・コンピタンスがどこに存在するかが、おのずから明らかになってくるので、是非試していただきたい。

第4章　経営組織

第1節　組織マネジメント

　組織のマネジメントとは組織の目標（目的）を達成するために、構成員を管理・調整することである。そのためには、組織構造をつくることが基礎・基盤となる。トップ・マネジメントが組織構造をつくる際に考慮すべきものには、職務専門化、部門化、指揮命令系統、管理範囲、集権化・分権化、公式化がある。その6つの要素について以下にまとめる[1]。

【職務専門化】

　職務をいくつかの行程や種類に分け、その行程や種類ごとに人員を配置する分業をすることで作業・生産効率が高まる。これは20世紀中ごろにはすでに製造業の多くの企業が行っていた。職務の内容には専門性を要する高次のものもあれば初心者でもできるものもあるため、より効率化を実現できる配置をすることが求められる。職務専門化は、元来、生産向上を目的としていたが、あまりに行き過ぎた専門化は人間的問題（単純労働や重労働などによるストレス、繰り返しの作業によるミスなど）が生じて生産性向上が抑制されてしまう可能性もある。

1　高木晴夫訳『新版 組織行動のマネジメント―入門から実践へ―』ダイヤモンド社、2009年、pp.344〜354（Stephen P.Robbins *"Essential of Organizational Behavior"*, PearsonEducation, Inc.）

【部門化】

職務の分化をした後に、これらを共通グループにまとめる。共通グループにまとめる方法として、職能（機能）グループにまとめる方法、組織が製造するグループにまとめる方法、活動地域にもとづく方法、対象顧客にもとづく方法などがあげられる。大企業の組織ではこれらの部門化の形態のすべてを適用することが多い。

【指揮命令系統】

トップ・マネジメントから当該者において、誰に報告すればよいかを明らかにすることを意味する。何かの問題があった際に、「誰に報告すればよいのか」、「誰に対して責任を負っているのか」を明確にすることである。指揮命令系統の補完的な考え方として権限と命令系統の一貫性がある。

権限は、マネジャーが指揮命令する上で保持する必要がある。命令系統の一貫性とは、1人の従業員は1人のマネジャーに対してのみ直接責任を負うことを指しており、それは、指揮命令系統が正しく運用するうえで重要な考え方である。従業員が2人以上のマネジャーから指示を受ける状況になると、1人のマネジャーが従業員のタスクを完全に把握・評価することが困難となるからである。

【管理範囲】

通常、組織構造はピラミッド型になるが、その構造が重要になる。それは、階層が多いタテ長組織なのか、階層の少ないヨコ長組織（フラット組織）なのかということである。前者は、従える下位者が少なくなるため管理が容易になるが、管理者数（役職者）が多くなるため経費がかかることや、上下の距離が長くなるため意思決定の時間を要する。後者は、管理者数が減ることによって経費削減が可能となるが、従える下位者が多くなる。

【集権化・分権化】

　集権化は、組織の１点、つまり上位レベル（管理者層）にかなりの意思決定が任されていることを意味し、分権化は組織の下位レベルにも意思決定を下す権限が与えられていることを意味する。

【公式化】

　組織内での職務の標準化を意味する。職務の内容が公式化されているかどうかの程度によって、いつ、何を、どのようにすべきかという職務内容や決定権が変わってくる。高度に公式化されている組織では組織ルールが詳細であり決定権は限定される。一方で、公式化のレベルが低ければ自由な決定権をもつといえる。

第 2 節　組織形態の基本類型

　組織形態の基本類型には以下の３つがある。

① ライン組織

　経営組織にあって最も基本的な形態がライン組織である。その理由は、組織の指示系統が明確であることにある。下位者にとっては、自分の職務のすべてに関して１人の上位者（管理者）から指示・命令を受けるのがライン組織である。ここでの権限は単一的かつ包括的権限であり、ライン権限と呼ばれる。ライン組織のメリットは、管理者が下位者をマネジメントすることが容易なため業務が迅速・円滑に進めやすいことがあげられる。その他にも、権限と責任が明確になる、規律や秩序が維持されやすいなどがあげられる。一方、デメリットとして組織の規模が拡大すると管理者の負担が増大する。また、組織構造のタテ・ヨコの距離が長くなるため密なコミュニケーション取りにくくなることがあげられる。

② ファンクショナル組織

　下位者からみると、自分の職務に対して複数の上位者（管理者）から指示・命令を受ける組織である。ここでの権限は部分的かつ複合的権限であり、ファンクショナル権限と呼ばれる。管理者からすれば自分の専門職能だけに指示を与えることになる。ファンクショナル組織のメリットは、上位者の専門能力を活かすことができることである。一方、デメリットとしては下位者にとっては複数からの命令によって混乱が生じる可能性が出ることや権限と責任が曖昧になることなどが考えられる。

③ ライン・アンド・スタッフ組織

　経営組織に必要とされる編成原理を統合した形態である。このライン・アンド・スタッフは、管理者をライン管理者とスタッフ管理者の2種類に区別している。ライン管理者は、ライン組織と同じように、業務全体について作業者に指示・命令をする。スタッフ管理者は、専門の職能に関してライン管理者および作業者に対して命令をする。この組織のメリットは、命令の統一を維持しながら、ライン管理者による規律と秩序を徹底させ、スタッフ管理者の専門的能力を活かすことができることにある。一方、デメリットとしてはライン管理者とスタッフ管理者がコミュニケーションを密にとる必要があり、もし、それができなければ、効率の悪化が生じてしまう危険を伴うことである。

図表 4 − 1　基本的な組織形態

【ライン組織】

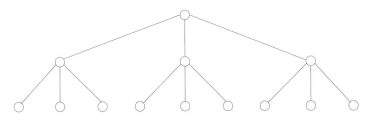

【ファンクショナル組織】

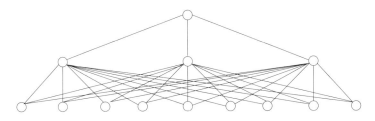

【ライン・アンド・スタッフ組織】

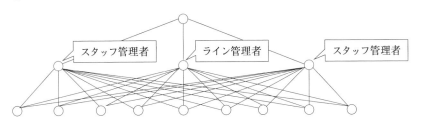

出所：筆者作成

第3節　組織構造

組織構造には以下の3つがある。

① 職能別（機能別）組織

　トップ・マネジメントの下に、調達（仕入）、製造、販売、人事、経理、研究開発など、担当する仕事によって組織を分割する。各部門による仕事の分業が明確になって、知識や経験が蓄積されやすくなる、業務の区別が明確になる、といったメリットがある半面で、責任の所在が不明確になることもあり、それによって、部署間の対立が起こるというリスクも考えられる。

② 事業部制組織

　企業の中で展開される事業別に組織を分割することである。つまり、1つの企業でありながら、別の企業のように自立した事業部を作って分権化し、事業部ごとの独立採算制にする。これには製品別事業部制、地域別事業部制などの形態がある。

③ マトリクス組織

　格子という意味で複数の組織形態を組み合わせたものである。つまり、複数の職能と、製品別あるいは地域別の事業を複次元的に組んでいる。製品・職能マトリクスや製品・地域マトリクスが一般的となる。

　製造業の場合を例として、図表4-2に示しておく。

図表 4 − 2　組織構造

【職能別（機能別）組織】

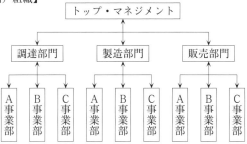

【事業部制組織】

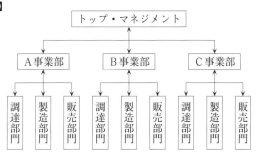

【マトリクス組織】

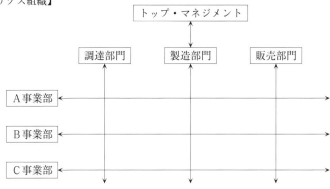

上記の ─── は情報の流れを示す

出所：筆者作成

参考文献

石井淳蔵・奥村昭博・加護野忠男・野中郁次郎『経営戦略論』有斐閣、1996年

井原久光編著・平野賢哉・菅野洋介・福地宏之『経営学入門キーコンセプト』ミネルヴァ
　書房、2013年

薄上二郎『テキスト経営学入門―研究方法論から企業のグローバル展開まで―』中央経
　済社、2007年

高木晴夫訳『新版 組織行動のマネジメント―入門から実践へ―』ダイヤモンド社、

2009年（Stephen P.Robbins *"Essential of Organizational Behavior"*, Pearson
Education, Inc.）

第5章　製販連携

第1節　製販連携とは

　モノ余り・サービス過剰な状況が続く現代社会において、それでもなお企業
は、モノやサービスを生産し、販売し続けなければ、収益を上げることなどで
きない。そのため、製造業者と小売業者との関係においても変化がみられてい
る。その一例が、製販連携（製販提携）[1]である。これは、これまでのような製
造業者と小売業者間に発生していたパワーの対立関係によって決定づけられる
主従関係といった「取引」関係ではない。SCM（サプライチェーンマネジメント）
やDCM（ディマンドチェーンマネジメント）にみられる新たな動きのなかで、部
分最適ではなく、全体最適の観点から在庫管理や物流システムが構築され始め
ている。それは、製造業者と小売業者の関係が、手と手を取り合って互いの強
みを活かしたWin-Winの協調関係を築くべく、様々な施策を協力し合いなが
ら実施する「取組」関係へと変化してきているのである。つまり、製造業者と
小売業者の関係は、従来の「取引」関係から新たな「取組」関係へと変貌を遂
げているといえる。

　製販連携が注目され始めたのは、米国の日用雑貨品メーカーのP&Gと世界
最大の小売業であるウォルマートとの取組からであるといわれている。その仕
組みは、P&Gの生産計画について、ウォルマートから提供されるPOSデータ
にもとづき調整されるとともにウォルマートの配送センターに直接P&Gの工
場から在庫補充するというものであった。その結果、両社にペーパレス取引、

1　その他にも、製販同盟、戦略的提携やパートナーシップと呼ばれることもある。

在庫リスク・費用の削減といった効果がもたらされた。また、ウォルマートの
「エブリディ・ロー・プライス」（毎日お買い得価格の提供）の実現に貢献した[2]。
　また、日本でも、大規模製造業者との製販連携がコンビニエンスストアのセ
ブン-イレブンや総合スーパーのイオンの物流システム体制や商品開発におい
てみられてきている。このような製販連携は、インターネットを活用した製販
の情報の共有化やEOS（電子受発注業務システム）を利用した在庫管理によって、
効率的な生産・販売管理が可能となっている[3]。

第2節　企業提携と製販連携

1．企業提携の種類

　企業提携とは、アライアンスとも呼ばれ、複数の企業が独立性を保ちながら、
業務における協力関係を結ぶことである。水野によると、企業提携は、企業構
造の再編を指し、資本の移動を伴う資本提携と資本の移動を伴わない業務提携
があるとしている。また、資本提携には、株式取得、会社分割、会社合併など
の形態があり、業務提携には、生産提携、技術提携、販売提携があることを指
摘している[4]。資本提携の目的は、株の相互持ち合いなどによって資金調達を
容易にすることである。また、株の場合、互いに株主として長期的な信頼関係
を築くことが可能となる。さらに株価が値上がりすることで資産が増えるとと
もに、配当などを得ることができる、一方、株価が値下がりした場合、資産を
減少させるとともに、配当なども得ることができないというリスクが発生する
のである。また、資本提携は、必ずしも企業統合に至るわけではなく、経営方
針や社風の相違により独立性を保ったまま資本提携を続けることも可能である。

2　矢作敏行「変容する流通チャネル」田島義博・原田英生編『ゼミナール 流通入門』日本経済新
　聞社、1997年、310頁。
3　伊部泰弘「流通経路」柳純編著『激変する現代の小売流通』五絃舎、2013年、46頁。
4　水野清文「食品関連企業の製販連携による競争優位確立と全体最適」『社会科学雑誌』第7巻、
　（2013年2月）312頁。

業務提携は、自社の人的資源の不足を補う役割がある[5]。共通する業務における人的資源の交流は、他社の技術やノウハウを活用することが可能となり、ビジネスを大きく成長させることが可能となる。また、業務提携の種類には、人的資源の交流だけでなく、技術協力や製品の共同開発、共同仕入、営業・販売協力といった形で多岐に渡っている。

　企業提携は、互いの企業の強みを活かし、弱みを補うことで、業界内のシェア争いや競争に打ち勝つ手段として有効に活用されている。また、企業提携が進展すると経営統合や企業合併へと発展していく。

2．企業連携としての製販連携の位置づけ

　企業連携の形態は、同業種の製造業者同士、卸売業者同士、小売業者同士のみならず、異業種の製造業者と卸売業者、卸売業者と小売業者、製造業者と小売業者との企業連携がある。そのようななかで注目されている企業連携が、製販連携である。製販連携といえば、不況期において中小製造業者と大規模小売業者が、PB（プライベート・ブランド）開発などにより大規模製造業者のNB（ナショナル・ブランド）に対抗すべく連携がおこなわれてきた。しかし、バブル経済崩壊以降、今日までの約30年間は、特に、大規模製造業者と大規模小売業者による製販連携が注目されている。

　それは、大規模小売業者のバイイングパワーや売上高の増大により、製造業者のNBの売上や棚割りに大きな影響を与えており、それが、大規模製造業者と大規模小売業者との製販連携に拍車をかけている。つまり、大規模製造業者が歩み寄る形ではあるが、互いにWin-Winな協調関係を享受できるメリットがあるために、そのような製販連携が進展しているのである。

　また、製販連携が進展していくと製販統合が実現する。その際、製販統合は、製造業者側（川上側）からもあれば、小売業者側（川下側）からもある。つまり、製販統合は、製造業者による流通の垂直統合もあれば、小売業者による製

5　同上、313〜314頁。

造の垂直統合もある。

3．製販連携の効果

　製販連携を進展させるメリットは、異業種の連携による在庫の管理や効率化によってコスト削減を図ることで、モノをつくる製造業者における同業者やモノを販売する小売業者における同業者との競争力を高め、ひいては競争優位性を構築することにある。また、水野は、「製販連携によって個性化・個別化を重視した商品の開発・製造・販売という視点で考えていけば、企業規模が中小規模であってもコア・コンピタンスを構築することができるし、それによる競争力も獲得できると考えられる」[6]としている。

　つまり、製販連携は、企業規模に関わらず製造業者側からすれば、商品開発を小売業と行うことによって必ず購入してくれる「顧客」を確保することで収益を上げることができる。また、小売業者側からすれば、特に、品ぞろえの観点において同業他社との差別化を図ることができ、他店との違いを明確化することによって、最終消費者である顧客への訴求が可能となるといった形で互いにWin-Winの協調関係を築くことができる効果がある。

第3節　業界別にみる製販連携

1．食品製造業と小売業にみる製販連携

　食品業界における製販連携は、昨今多数みられている。多くは、食品業界の大規模製造業者と総合スーパーやコンビニエンスストアをはじめとする総合小売業との製販連携である。

　では、なぜそのような大規模製造業者と総合小売業が製販連携を実施するのであろうか。それは、供給が需要を大きく上回る供給過多社会において、特に食品の代替品が多数存在するなかでも、企業は、収益を上げ続けなければなら

6　同上、320頁。

ないためではないであろうか。そして、経営環境が目まぐるしく変化し、不確
実性の高い現代社会において、確実に利益を見込める総合小売業の販売量や棚
割りに魅力を感じる食品製造業者が多いためであろう。また、総合小売業とし
ても、取扱商品の多様性や一定の品質を確保できる商品供給、大規模食品製造
業と一体となった効率的な在庫管理といったことに魅力があるためであろう。
つまり、大規模製造業者と総合小売業は互いにWin-Winの協調関係を構築し
やすい経営環境におかれているためであるといえる。

　そのような食品業界における製造業者と小売業者の製販連携における主な特
徴は、在庫管理と配送及び日常業務の効率化とPB開発・販売がある。

　効率的な在庫管理においては、小売業者のPOSデータをもとに、売れ筋を
把握し、EOSを活用した商品供給や流通のJIT（ジャスト・イン・タイム）のシ
ステムを構築することで、リードタイム（発注から納品までの期間）を短縮させ、
効率的な在庫管理や商品供給を実現している。また、コンビニエンスストアで
は、配送の効率化において、多頻度少量配送を実現すべく、製販連携は欠かせ
ないものとなっている。さらに、製販連携は、インターネット回線を使って注
文書や請求書などの電子ビジネス文書をやり取りするEDI（電子データ交換）
の普及などによる製販双方の日常業務における効率化においても貢献している。

　次に、PB開発・販売においては、総合スーパーやコンビニエンスストアを
展開している総合小売業が主体的に取り組む傾向が強まっている。なかでも、
イトーヨーカ堂やセブン-イレブンを傘下に持つ、セブン＆アイホールディン
グスとイオングループに見られるPB戦略について考えてみたい。

　まず、セブン＆アイホールディングスが展開する「イトーヨーカ堂」（総合
スーパー）、「ヨークベニマル」（スーパーマーケット）、「セブン-イレブン」（コン
ビニエンスストア）では、現在、「セブンプレミアム」といったPBが開発・販売
されている。セブンプレミアムは、2007年5月に、9カテゴリー・49アイテム
でスタートし、4つのブランド（「セブンプレミアム」、「セブンプレミアム ゴール
ド」、「セブンプレミアム フレッシュ」、「セブンプレミアム ライフスタイル」）に、
3,000以上のアイテムを揃え、2015年度以降1兆円を超える売り上げを持ち、

現在もなお、成長しつづけているブランドである。特に、食料品のブランドとしては、「セブンプレミアム」、「セブンプレミアム ゴールド」、「セブンプレミアム フレッシュ」が関係している。なかでも「セブンプレミアム ゴールド」は、「最上級のブランド」であり、上質な原料を、こだわりの技術で仕上げ、すべての客が満足できる美味しさで、食卓を豊かにすることを目指している。具体的には、「金の直火焼和風ハンバーグ」や「金の食パン」などがラインアップされている。それらは、食品製造業者との製販連携によって実現された商品となっている。また、同シリーズのカップラーメンなどは、日清食品との共同開発などもおこなわれており、大規模食品製造業者との取組も進展している[7]。

　また、製造業者以外における連携として「セブンプレミアム向上委員会」といったコミュニティサイトを展開しており、会員（消費者）の意見を反映した商品開発の仕組みが構築されており、製販だけでなく、消費者をも巻き込んだ連携が行われている[8]。

　次に、イオングループが展開するPBの「トップバリュ」（TOPVALU）であるが、イオン（総合スーパー）、マックスバリュ（スーパーマーケット）、ミニストップ（コンビニエンスストア）で販売されている。「トップバリュ」は、これまでのPBを統廃合し、1994年9月に販売された。「トップバリュ」とは「TOP＝最高」と「VARUE＝価値」を組み合わせた造語であり[9]、価格だけでなく価格以外の価値をPBのイメージとして浸透させることを狙ったブランドであり、「確かな品質、この安さ」をキャッチフレーズとして、ボリューム展開を図っている[10]。

　また、トップバリュは、様々な改変を経て、2018年現在、「トップバリュ」「トップバリュ ベストプライス」、「トップバリュ セレクト」、「トップバリュ

7　https://www.7andi.com/company/challenge/2685/1.html（2018年11月10日アクセス）、
　　https://www.ryutsuu.biz/strategy/j030912.html（2018年11月10日アクセス）
8　https://7premium.jp/（2018年11月10日アクセス）
9　ジャスコ株式会社編『ジャスコ30年史』2000年、594頁。
10　伊部泰弘「総合小売業のプライベート・ブランド戦略に関する一考察—セブンプレミアムとトップバリュの事例研究」『東亜地域際経営研究』第9巻・第10巻、2009年10月、2009年12月、56頁。

グリーンアイ」の4ブランドを展開している。特に、「トップバリュ セレクト」
は、こだわり抜いた最上質の体験を提供するブランドとして、食料品や衣料品
を中心に製販連携によって質重視の商品展開がなされている[11]。また、トップ
バリュは、食品のパッケージについても販売業者のイオン株式会社の明記はも
とより、商品がどこで最終加工されたかわかるように登録工場所在地の都道府
県名をほとんどの商品で表記していたり、「製造所固有記号」が明記されてい
ることで簡単に製造所名、所在地を検索できるよう工夫されている[12]。そのた
め、消費者への安全性の保証をおこなうとともに、製販連携がしっかりとおこ
なわれていることを消費者にも知らせることができるようになっている。

2．アパレル製造業と小売業にみる製販連携

　アパレル業界においても、製販連携は、多数進展している。特に、ムダを排
除するためにSCM構築に力を入れている。そのSCMにおいて欠かせないのが
製販連携である。ITや生産技術の活用によって、企画・生産・販売・改良ま
での一連の流れ、および受注・発注・再発注といった在庫管理を効率よく、部
分最適ではなく全体最適を図ることを目指したシステムが構築されてきている。
それにより、大量単品生産から小ロット生産まで幅広い生産体制を確立でき、
実需に合わせた製品の提供が可能となっている。また、SCM構築のもととなっ
た考え方に、QR（クイック・レスポンス）という取り組みがなされてきた。QR
は、市場に対応した製造・流通システムを構築するために、製造から販売まで
の情報をEDIなどを用いて共有化し、受注から納品までのリードタイムの短縮
化や在庫管理の徹底によってキャッシュフローを上げようとする取組であり、
アパレル業界で取り組まれた製販連携の一形態である。

　また、アパレル製造業と小売業の製販連携は、SCMの構築やQRの取組だけ
にとどまらず、特に、大規模小売業者に向けたPB開発なども行われている。
例えば、アパレル商品のPB開発では、イトーヨーカ堂がおこなうチームMD

11　https://www.topvalu.net/brand/（2018年11月10日アクセス）
12　https://www.topvalu.net/brand/package/（2018年11月10日アクセス）

がある。チームMDとは、緒方によると、「企業の内外の垣根を超え、専門的な能力をもったものがその専門知識や技術を持ち寄って共通の目的達成のために（つまり商品開発では、顧客にとって価値ある商品づくり）、力を合わせてチームを組んで協働・協創を行うこと」[13] である。特に、大規模製造業者とイトーヨーカ堂が製販連携による共同開発をおこなうことで、安全で品質を追求したPB開発が可能となっている。

　さらに、アパレル業界では、製販連携にとどまらず、それがさらに発展した「製造小売業」として、製販統合といった形態がみられてきている。その代表例が、SPAという業態展開である。

　SPAとは、Specialty store retailer of Private label Apparelの略であり、アパレル製造業者あるいは小売業者が、商品の企画・開発・生産・販売までを一元管理するビジネスの手法である。アメリカのアパレル小売業者であるGAP社が、自らの業態をSPAと規定したのが始まりであった。具体的には、日本では、アパレル小売業者として「UNIQLO」などを手掛けるファーストリテイリングや「コムサ」ブランドをもつファイブ・フォックス、スウェーデンのファストファッション業態であるH&Mを手掛けるH&M Hennes & Mauritzが該当する。また、アパレル製造業者がアパレル小売業態へ進出する事例も数多くみられている。具体的には、「OZOC」（オゾック）などを手掛けるワールドやスペインのファストファッション業態である「ZARA」を手掛けるインディテックスグループなどが該当する[14]。

　アパレル業界におけるSPAのような製造小売業への進出は、物流の効率化やタイムリーな在庫管理によってコスト削減を図るとともに、小ロット生産を可能にし、実需に合わせた生産・販売体制を可能にしている。具体的には、「UNIQLO」では、販売される商品の生産の初期段階では最低限の仕様までを

13　緒方知行「PBはつくる人、売る人にとってプライド・ブランドでなければならない!!」オフィス2020新社編『2020価値創造者』2007年10月号（Vol.269）、69頁。

14　伊井泰弘「日本の流通機構と商品流通」松井温文編著『経済入門－個別現象から学ぶ－』銀河書籍、2018年、66－67頁。大滝精一・金井一頼・山田英夫・岩田智『経営戦略 論理性・創造性・社会性の追求』第3版、有斐閣アルマ、2016年、205頁。

おこない、市場動向に合わせて最終的なサイズや色の決定を延期できるような
生産システムを構築したり、「ZARA」では、アパレル商品に「鮮度」という
考え方を取り入れ、デザインから製造、世界中の店舗への輸送・配送を約2週
間で行うことができるようなビジネスの手法を取り入れている。また、特に、
アパレル小売業がアパレル製造業へ進出する際においては、小売業の使命であ
る顧客ニーズを満たすために、自らが在庫リスクを取り、川上側にいる製造業
者に対し一定のパワーを発揮しながら製造小売業へと業態転換を図っているの
である[15]。

　このように、アパレル製造業と小売業は、製販連携に留まらず、製造企業は
小売業へ（川上から川下へ）、小売業は製造業へ（川下から川上へ）、ともに垂直
統合することで製販統合を実現し、生産・流通・販売の効率化を推し進めてい
るのである。

第4節　製販連携の課題

　製販連携をより進展させていくには、いくつかの課題も存在している。

　まず、第1は、製販の関係性の問題である。これまで、製販連携は、企業規
模の大小によってどちらかが主になり、どちらかが従になる主従関係の上に成
り立っていることが多かった。特に、企業規模や売上、利益、経営方針、組織
文化といったそれぞれ企業固有の特質をもつ企業同士の連携においては、対等
な関係での連携は難しく、主従関係による連携がなされてきた。しかし、現在
のような不確実性が高い経営環境においては、特に、大規模製造業者と大規模
小売業者が互いの強みを発揮し、Win-Winの協調関係に基づく戦略的提携関
係を結ぶことが増えてきている。そのため、企業同士の関係性の善し悪しが製

15　柳純「サプライチェーンマネジメント」岩永忠康監修・西島博樹・片山富弘・岩永忠康編著『現
　　代流通の基礎』五絃舎、2011年、206頁。石川和男「流通の新局面（第9章第3節2）」青木均・
　　石川和男・尾崎眞・濵満久著『新流通論』[改定版]創成社、2014年、235頁。大滝精一・金井一頼・
　　山田英夫・岩田智、前掲書、205～206頁。

販連携の善し悪しに繋がっているため、企業同士がどのように良好な関係性を作り上げるかが課題となっている。

　第2は、製販連携を遂行していくための組織間の連携による全体最適化である。企業規模や売上、利益、経営方針、組織文化といったそれぞれ企業固有の特質をもつなかで、互いにWin-Winの協調関係を構築するために、分業と業務プロセスにおける責任所在と権限の明確化をおこなう必要がある。つまり、各業務を各企業がどこまで担当し、どこまでを任せるのかを明確にする必要があり、それがないと逆に、利益の奪い合いが生じてしまうため、業務プロセス自体の全体最適化が求められるのである。

　第3は、製販連携においては、特に、PB商品の共同開発においては、製造企業であれば、小売企業への工場の生産能力や原材料調達企業、企業としての生産技術やノウハウの開示が不可欠になる。また、小売企業側では、製造企業へのPOSデータの提供や製造企業との在庫管理の一元化などが必要となる。そのため、互いの信頼関係が重要であり、技術やノウハウなどの機密漏えいなどにも十分配慮する必要がある。

第6章　企業文化

第1節　企業文化の定義と構成要素

　企業文化とは、簡単にいえば企業の体質・性格である。しかし、それは価値観、行動様式、経営戦略にまで影響する。

　企業文化に関する研究が日本で広まり始めたのは、1980年代である。もともと企業文化という用語は、コーポレート・カルチャー（corporate culture）の訳語としてアメリカからきている。1980年代、国民の需要の多様化や産業内競争、さらには国際関係の複雑化によって、これまでの拡大化・多角化だけでは成長を見込めなくなった。このような環境に適応し、業績をあげるための企業文化の在り方が注目されるようになったのである。

　1985年以降になると、企業文化は経営者の経営課題として明確に位置づけられるようになった。企業文化が強く意識されるようになった理由について梅澤正は次の2つをあげている[1]。

　1つの理由は、企業文化を経営資源として認識するようになった点である。

　ときに、"見えざる経営資源"と表現されるが、社会学的な視点からすると、企業文化の機能が顕在化しはじめたと理解できる。他の経営資源に比較すれば依然として潜在的であるにしても、目を見張るほど企業文化の機能が顕著になったことが、企業人にとって強く意識されはじめた。

　もう1つの理由は、企業文化へのアプローチが、企業の環境適応と変化適応

1　梅澤正、『企業文化の革新と創造－会社に知性と心を－』有斐閣選書、1990年、pp.12〜13。

にとって必要だという観点からなされたという点である。

　1980年代以降、企業文化についての研究者や企業人の意識は、企業経営に関わる戦略上の課題という視点で次のような認識をもたらすようになった。

　①企業文化は、「見えざる経営資源」として組織の在り方に大きな影響力をもっているので、事業戦略にあわせて、これを適切にマネジメントすることが重要である。

　②新規事業に進出し、業容の多角化に取り組むためには、それにふさわしい企業文化や組織風土を育成していくことが不可欠である。

　そもそも「文化」、「企業文化」とは何だろうか。

　日本語の「文化」は、ラテン語のcultus、それに由来する英語のcultureを翻訳したもので、もともとは「栽培、転じて教養」を意味したものとされている[2]。文徳、教化、学問、芸術、道徳といった用語は、このことに関連している。これまでの歴史を辿ってみると、人間の精神的な働きによって文明開化が進み、人間生活は高まってきたわけであるが、そうするうちに文化という用語は、生活様式そのものをも指すようになってきた[3]。

　それでは、企業文化とはどのように定義できるのだろうか。これまで、企業文化について数多くの研究者が定義をしてきた。その定義には次のような特徴があげられる。

　・企業文化は、長年の企業活動によって形成されたものである。

　・企業文化は、企業哲学や経営理念のように経営者が企業内部に浸透させようと意識したものだけでなく、伝統や慣習なども含まれる。

　・企業文化は、企業内部の人々の本音を意味する。

　・企業文化は、戦略と密接な関係をもっている。

　・企業文化は、企業の業績を大きく左右するものである。

　・企業文化は、企業内部の人々の共通した考え方や共通した行動パターンで

2　荒川幾男他編『哲学事典』平凡社、1990年。
3　梅澤正『組織文化　経営文化　企業文化』同文舘出版、2003年、pp.22〜24。

ある。

　次に、企業文化の構成要素をみていくことにする。

　梅澤正は、企業文化を①観念文化…企業哲学、経営理念、社是・社訓、会社
綱領、②制度文化…伝統、慣習・慣行、儀礼・儀式、タブー、規則、③行動文
化…社員に共有された思考・行為の様式、社風、風土、④視聴覚文化…マーク、
シンボル・カラー、社旗、社歌、社章、ユニフォーム、ロゴタイプ、シンボル
となる建物、というように4つの文化概念に分け、それぞれに該当する構成要
素を示している[4]。

　河野豊弘とクレグは、「企業に参加する人々に共有されている価値観と、共
通の（基本的仮定をふくむ）考え方、意思決定の仕方、および目に見える行動パ
ターンの総和」と定義し、構成要素としては①共有された価値観、②意思決定
パターン（情報収集、アイディア、評価、協力）、③行動パターン（実行、組織に対
する忠誠心）の3つを構成要素としてあげている[5]。

　その他、数多くの研究者による研究を踏まえて、企業文化を「企業内部の人々
に共有される価値観・意思決定パターンならびに行動パターンであり、企業の
性格を表すものである。また、それは組織のリーダーや経営理念に大きく左右
されるものである。」と定義しておく。

　今日、環境の変化がめざましく、社会のあらゆる領域でこれまでの原則・原
理や手法が効率性を失いはじめ、通用力もなくなっている。先行研究の共通点
として、すぐれた業績をあげている企業には環境に適応した強力な企業文化が
築かれていることが指摘されている。企業文化は、長い時間をかけて築きあげ
られたものである。そして、それは組織の内部・外部からの影響を受けながら
長い時間をかけて、徐々にではあるが変化していくものである。創業当初の企
業文化は活力に満ち溢れていても、しだいに官僚化し、澱んだものとなってい

4　梅澤正、同上書、同文館出版、2003年、p.26。
5　吉村典久・北居明・出口将人・松岡久美訳『経営戦略と企業文化 ―企業文化の活性化―』
　白桃書房、1999年、p.1、p.25
　（Toyohiro Kono, Stewart R.Clegg "Transfomations of Corporate Culture -Experiences
　of Japanese Enterprises-", 1999）

くことが多い。そのため、次のようなことを留意する必要がある。

- ・比較的業績が安定してくると、業績の維持を図るために内部指向になりがちである。
- ・企業規模が大きくなると官僚的になる。それは、コミュニケーションの断絶や従業員の仕事に対するやる気の喪失につながる。
- ・環境の変化により、従来の社風が適合しなくなる。

　多くの企業は成長し、伝統ある企業になるほど官僚的で停滞した企業文化に移行する傾向にある。このような企業はすぐれた経営戦略の立案・実行が困難になる。よって、時には過去の常識や価値観を棄却し、新たな価値観を創出する必要がある。

第2節　企業文化の在り方

　企業文化と経営戦略が適合しない場合として、河野豊弘は次のことをあげている[6]。

①企業文化が澱んでいるために、革新的戦略が立てられないという場合。

②企業文化が沈滞していて、戦略が実行されないという場合。

③企業文化が積極的でも、価値の方向が環境や戦略と合わないという場合。

　経営戦略と企業文化が不一致な場合、企業の業績は一般的に低迷する。

　こうした状況に対処するためには企業文化を変えるか、または経営戦略を変えるかのどちらかの方法をとるしかない。組織全体が戦略指向的でないといくら環境分析や自社分析を行ったうえで戦略立案モデルをつくっても中身があるものはできないし、また、実行に移すことはあり得ない。したがって、組織全体を戦略指向にし、内部指向から外部指向に、短期指向から長期指向にするという意識改革をして、企業文化を変えることの方を優先すべきであ

6　吉村典久・北居明・出口将人・松岡久美訳、同上書、白桃書房、1999年、pp.31〜32）。

る[7]。

　環境の変化が激しい今日において、現状の企業経営を続けていくことは、企業や組織のいろいろな面を急速に陳腐化させていくことにつながる。情報や人材にしても、企業が気づかないうち、その効能が失われていることもある。事業経営の戦略的展開を考えれば、企業文化を変えることが必要となってくるのである。

　それでは、企業文化を変えるためには、どのような方法があるのだろうか。河野とクレグは次のように述べている[8]。

①トータルシステムモデル

　企業文化の規定要因の多数の要因を同時に動かして、組織を活性化するアプローチである。トータルシステムモデルは、正面から行く正攻法である。それは最も効果があがる。経営が危機に陥ったときにとられることが多い。すなわち外部からの圧力がある時にとられやすい。しかし、通常の企業でも長期間をかけて実行することができる。

②少数の戦略の成功による変革

　経営戦略は企業文化に影響されるが、反面、1つ、2つの戦略の成功は組織を活性化するうえにきわめて有効である。経営戦略の成功は、一部の人々の新しい行動パターンが成功をもたらすことを一般の人々に教えて学習効果を高める。また資源を豊かにして活性化への機会を増大する。企業文化が沈滞している時に、最初から大規模な戦略計画を立てても、内容も充実しないし、また成功もしない。まず最初に、小さなプロジェクトの計画を立て、その成功による意識改革を行った後に、しだいに本格的な総合的戦略計画に進むことができる。

③組織や人事制度の変化

　一般文化に直接的に影響するものは、組織構造、賞罰や昇進などの人事制度、各種の運動などである。これらの変化は最も統制しやすい。組織構造では分権

7　H. Igor Ansoff, "*Corporate Strategy*", McGraw-Hill, 1965。
　　（広田寿亮訳『企業戦略論』産能大出版部、1969年、pp.1〜13）
8　河野豊弘、前掲書、白桃書房、1999年、pp.38〜41。

化や子会社制が、人事制度では公正な人事、成功への報酬、失敗をとがめない
などの制度がよく用いられる。運動ではTQC運動、QCサークル、原価低減運
動なども意識改革の効果を持っている。

　企業にとって重要なことは、現状の企業文化が経営戦略と適合しているかど
うかを常に管理・検討していくことが必要である。このようなことから、企業
はこうした管理体制を構築していくことが必要となっていくであろう。

　経営者が企業文化に高い関心をもつ理由は、環境に適合した強力な企業文化
を形成することが経済的成果や高い経営業績をもたらすという認識によること
からであるが、それは言い換えれば、企業文化の形成や確立を経営課題に据え
ると、結果として財務基盤は強化され、収益の増大や成長が促進されるという
ことになる。経営戦略のなかに企業文化の形成・強化を組み込むことの重要性
を指摘し、それに沿った経営指導・経営教育が重視された[9]。

　ピーターズとウォータマンは、持続的に高い業績をあげているエクセレント・
カンパニー企業には、決まって「強い企業文化」が存在すると指摘する。そし
て、企業の在り方を決めるのは、戦略、組織構造、経営システム、財務分析、
技法、リーダーシップといったソフトウェア以上に、企業文化であるとも述べ
ている[10]。

　企業文化と経営戦略は緊密な関係があり、相互が合致したものでないと高い
業績はあげることはできなくなる。企業文化と経営戦略が合致しなくなる過程
を示したものが図表 6 − 1 である[11]。

9　梅澤正、前掲書、同文舘出版、2003年、147頁。

10　Thomas J. Peters & Robert H. Waterman, Jr.　"IN SEARCH OF EXCELLENCE",
　　Harper & Low, 1982
　　（大前研一訳、『エクセレント・カンパニー』講談社、1983年）

11　John P. Kotter and James L. Heskett "*CORPORATE CULTURE AND PERFORMANCE*",
　　The Free Press, 1992
　　（梅津祐良訳『企業文化が高業績を生む−競争を勝ち抜く先見のリーダーシップ−』ダイヤモン
　　ド社、1994年、p.62）。

図表 6 - 1　企業文化と経営戦略が合致しなくなる過程

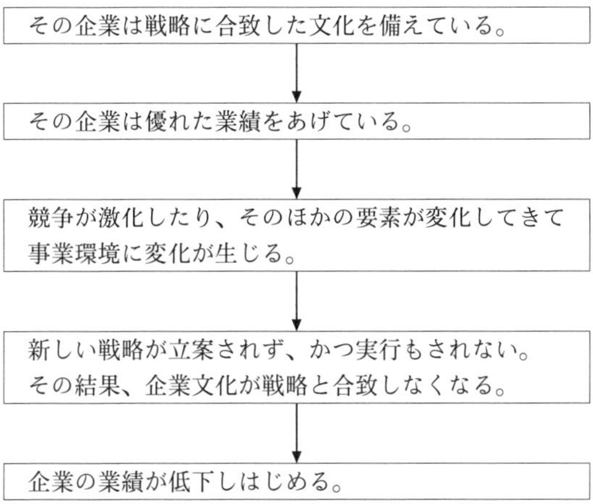

その企業は戦略に合致した文化を備えている。

その企業は優れた業績をあげている。

競争が激化したり、そのほかの要素が変化してきて
事業環境に変化が生じる。

新しい戦略が立案されず、かつ実行もされない。
その結果、企業文化が戦略と合致しなくなる。

企業の業績が低下しはじめる。

出所：John P. Kotter and James L. Heskett "CORPORATE CULTURE AND
　　　PERFORMANCE", The Free Press, 1992
　　　　（梅津祐良訳『企業文化が高業績を生む− 　競争を勝ち抜く先見のリーダーシッ
　　　プ−』ダイヤモンド社、1994年、p.62）

第 3 節　企業文化の管理体制

　企業文化は、企業環境の変化に適応していく必要がある。もしそれを怠って
しまえば、企業文化は澱んだものとなり、業績は悪化の一途を辿ってしまう。
　それでは、企業文化を環境の変化に適応させるためにはどのような管理体制
が必要となるのであろうか。梅澤正は次のように説明している[12]。
　そのアプローチは、自社の企業文化を知ることからはじまる。どの企業にも、
経営文化や組織文化、社風といったものは存在する。企業としての在り方は、

12　梅澤正、前掲書、有斐閣選書、1990年、pp.214〜246。
　　梅澤正は、企業文化を「カンパニー・カルチャー」という語句を用いて説明している。梅澤正教授
　のいう「カンパニー・カルチャー」とは、「個別企業の企業文化」という意味である。

それによって、潜在的ではあるものの重要な影響を受けているはずである。そこで、まずは自社の企業文化について次のような項目について考えてみる必要がある[13]。

　①企業文化がどれほど明確か。

　②企業文化について、社員たちは、どれほどの興味と関心をもっているか。

　③企業文化がどんな性格のものかを、社員はどれほど認識しているか。

　④企業文化は、適切に機能しているか。企業活動の円滑な推進に向けて阻害要因になっていないか。

　経営理念や社風、行動指針といった企業文化の構成要素について企業内部で再確認し、社員間で情報交換をすることは、強力な企業文化の形成を導く。

　企業文化を診断した結果、何らかの不都合が見つけ出された場合、その問題を解決するために対処しなければならない。その方法としては企業内セミナーや会議である。また、経営理念にもとづく行動に対する表彰なども効果的である。こうした企業文化の管理体制を構築することが不可欠である。

　これまでの数多くの研究でも、明らかになってきたとおり、適切な企業文化が構築されている企業は高い業績をあげている。ただし、そのような企業であっても、環境の変化に気づかないまま企業文化の管理を怠っていればそれは澱んだものになっていく。そうならないためにも企業は常に企業文化が環境に適応したものであるように配慮していく必要があるのである。そのためにも日頃の教育によって企業が追求している経営理念や組織価値を明確にし、それを組織のメンバーに浸透させていくことが必要となる。

参考文献
荒川幾男他編『哲学事典』平凡社、1990年。
梅澤正『企業文化の革新と創造－会社に知性と心を－』有斐閣選書、1990年。
梅澤正『組織文化 経営文化 企業文化』同文舘出版、2003年、pp.22〜24。
吉村典久・北居明・出口将人・松岡久美訳『経営戦略と企業文化 ―企業文化の活性化―』

13　梅澤正著、前掲書、有斐閣選書、1990年、pp.214〜246より要約。

白桃書房、1999年。

（Toyohiro Kono, Stewart R.Clegg "Transfomations of Corporate Culture -Experiences of Japanese Enterprises-", 1999）

H. Igor Ansoff, *"Corporate Strategy"*, McGraw-Hill, 1965。

（広田寿亮訳『企業戦略論』産能大出版部、1969年）

John P. Kotter and James L. Heskett *"CORPORATE CULTURE AND PERFORMANCE"*, The Free Press, 1992

（梅津祐良訳『企業文化が高業績を生む－競争を勝ち抜く先見のリーダーシップ－』ダイヤモンド社、1994年、p.62）。

Thomas J. Peters & Robert H. Waterman, Jr. "IN SEARCH OF EXCELLENCE", Harper & Low, 1982（大前研一訳『エクセレント・カンパニー』講談社、1983年）

第7章　人的資源管理

第1節　人的資源管理の概略

　人的資源管理（Human Resources Management : HRM）は企業が実施して
いる従業員対策の総体である。HRMの目的は労働力を有効的・効率的に利用
することであるが、これは容易な課題ではない。というのは、労働力（肉体的・
精神的エネルギー）だけを働くヒトから分離して取り出せないからである。商
品として購入した労働力を使用する（労働させる）ためには、商品として購入
したのではない生身の従業員を動かして当人が保有している労働力を行使させ
なければならないのである。企業目的の達成に向けて従業員を働かせる仕組み
がHRMである。

図表7－1　HRMの仕組み

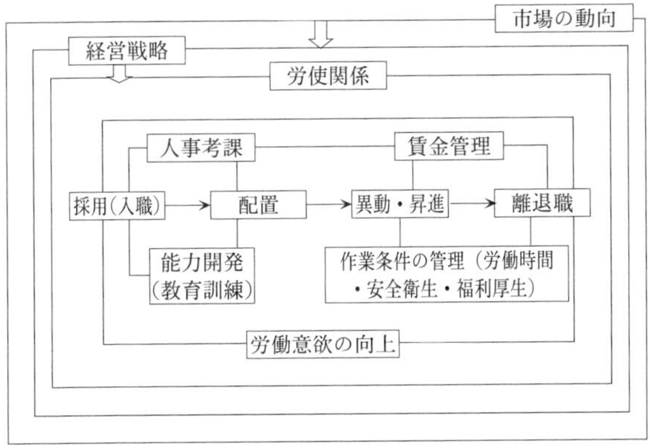

　企業では従業員対策が様々の視点から検討され制度として確立されている（図表7－1（筆者作成））。ヒトの流れからみれば、人事部（労務部）が採用から離退職までのキャリア管理を担当している。しかしHRMは決して特定の部署だけの仕事ではなく、日々の業務のなかで日常的におこなわれている活動でもある。入社から離退職までの時系列的な流れは大方の企業に共通しているが、その内容、特に、上段及び下段の制度の内容に関しては、それぞれの産業ないしは企業の労働のあり方に規定されて独自の制度がみられる。

　以下の節では図表7－1のなかからいくつかの局面に焦点を当てて、日本企業が直面しているHRMの課題を整理する。

第2節　人的資源管理の諸制度

　企業の従業員対策はヒトを対象としているために多面的なものとならざるを得ないが、近年ではより一層複雑化・多様化している。その理由は2つある。

　第1に、第二次世界大戦後に確立した日本的経営（終身雇用、年功賃金、企業別組合）に照応した「企業内人生モデル」が機能しなくなったためである。働き方の現実と理論が大きく乖離し、企業の想定外のことが現実化している。かつては、新卒者として4月に単身者として生活できる額の初任給を支給されて一斉に採用された男性従業員が、毎年定期昇給が実施されるなかで、企業内教育訓練を経て一人前の「正社員」として成長し、一方で、結婚し世帯主として家族を養い（女性は専業主婦として過ごすと見做され）、他方で、担当職務が明確に定められていないために頻繁に実施される配置転換を経て（時には出向して）内部昇進しそれなりの上位職位に就いて、その後一定の年齢に達すると定年退職する、という標準的なキャリアが想定されていた。しかしこれは右肩上がりの高度成長期に妥当するものである。またそれは男性中心のモデルであり、女性の社会進出に対応していない－働く女性は1970年代から増加傾向（男女雇用機会均等法1985年制定）に転じ、2000年代後半には働くヒトの40％強を占めている－という意味でも、時代遅れの代物である。

　第 2 に、一方で、産業構造が転換し、他方で、経済のグローバル化が進むなかで、企業間競争が激化し、業界で生き残るために、人事・労務の活動も市場の要求に直接に応えること（付加価値の創出）が重要視され、経営戦略の一環として、フレキシブルなHRMを志向せざるを得なくなったためである。目標管理が制度化され日常業務の中でも仕事の成果が求められ、処遇の見直しが拡がっている。労働力を供給する従業員が成長することを期待しその成長に報いるという「供給サイド」重視の人事から、市場の要望を取り込んだ「仕事」「成果」（すぐに儲かり利益に繋がる仕事をした人材）を積極的に評価する「需要サイド」重視の人事への転換が進んでいる。

１．雇用形態の多様化・弾力化

　１つの企業のなかでは、（直接雇用／間接雇用、無期雇用／有期雇用、フルタイム／パートタイム等）様々な雇用形態で採用された人々が働いている。近年では、多くの企業が、人件費削減のために、その企業が直接に雇用するのではない（間接雇用の）派遣社員や直接雇用でも期限を定めて雇用する契約社員を増やす方向を強めている。実際に、業界（スーパー、コンビニ、ファミレス、外食産業など）によっては、主婦や学生のパート労働やアルバイトなしには事業が成り立たない企業が出現している。これは日経連によって1995年に提唱された「雇用ポートフォリオ・モデル」（長期蓄積型グループ、高度専門能力活用型グループ、雇用柔軟型グループ）が現場に適用された結果である（図表 7 - 2 ：筆者作成）が、単に非正規従業員（契約社員、派遣労働者、臨時的労働者、パートタイム労働者等）が増加しただけではなく、四大卒男性の正規雇用化が解体（男性労働の非正規化の拡大）し、多数の雇用柔軟型男性従業員（非正規労働者）が生み出されている。この現状は、日経連にとっても、雇用柔軟型の対象として世帯主に扶養される女性や若者を想定していたために、予想を超えた出来事であった。

　この流れは同時に正社員（長期蓄積型グループ）のスリム化（正社員時代の終焉）であり、正社員の処遇制度にも変容が生じている。日本企業では長らく新規学卒一括定期採用が基本であったが、採用のミスマッチが多々生じた（七五

66

三現象）こともあり、採用形態が多様化している（第二新卒者の積極的採用、通年採用・随時採用や欠員補充採用（中途採用）の普及、職種別採用やインターンシップ制および勤務地限定採用の導入等）。いずれにしても彼（彼女）は正社員として職務が明示されないままに採用される。そして彼らは様々な仕事を適宜与えられ時には職場（勤務地）を転々と渡り歩き、毎年厳しい評価を受け時には昇給（昇進）の機会を与えられ、総合職として（専任職、専門職、管理職などの名称のもとに）特定領域の職務に就いてチームの一員として経験を積み、同一の企業においてないしは所属企業を変えて、企業内人生を歩んでいる。正社員は少数化するために、彼らは過重負担を強いられている。

図表 7 - 2　雇用ポートフォリオ・モデル

企業内労働市場の三重構造（雇用ポートフォリオ）	長期蓄積能力活用型グループ（正規従業員）
	高度専門活用型グループ（非正規従業員）
	雇用柔軟型グループ（非正規従業員）

　これらの変容は、単なる処遇の見直しだけではなく、新たな想定外の課題（正社員と非正規社員の均等処遇、性差別の撤廃（ポジティブアクション）、働き過ぎの解消など）を生み出し、企業は対応に追われている。

2．企業内教育訓練

　企業では、従業員を対象に、企業主導のもとで、計画的な教育訓練が実施されている。これは「キャリア開発」（CDP）ともいわれている。

　企業からいえば、高度で実践的なスキルをもった人材の育成が教育訓練の第一義的な目的であるが、教育訓練を通じて組織人としての役割を自覚させ、組織への所属意識さらには忠誠心を醸成することも目指している。従業員にとっても個性確立の可能性が生まれる（職業人として成長する機会を与えられる）というメリットがある。特に、日本企業では、欧米企業が必要最小限で限定的にしか訓練を実施していないのに対して、手厚い企業内教育がおこなわれてきた。

　企業内教育訓練には3つの形態がある。いずれの国でもOJT中心であり、

Off-JTと自己啓発がそれを補足する形で実施されている。

①仕事を通しての教育訓練（OJT）：上司や先輩の指導のもとで、日常業務の
　なかで仕事を覚えること（ブラザー制およびシスター制等で後方支援）

②仕事を離れての教育訓練（Off-JT）：教育係や外部講師のもとでおこなわれ
　る集合教育。これには、階層別研修（新入社員教育、中堅社員教育、管理者訓練
　等）と職能別訓練（営業等の職種別教育）がある。

③自己啓発：通信教育、専門学校での資格取得、大学院入学、等。

　21世紀以降、企業内外の環境が激変し、市場のニーズに応え市場が要求する
高付加価値を生みだす財・サービスを提供し続けるために従業員のスキルを向
上させることが企業にとってより一層喫緊の課題となっている。これを象徴し
ている現象がエンプロイアビリティ（employability）契約という言葉の普及で
ある。エンプロイアビリティは「雇用され続ける能力」であり、これは日本で
も従業員に企業内外で通用する能力が求められる時代になってきたことを示し
ている。しかし、終身雇用が神話としても崩壊し、企業がかつてのように多く
の従業員に長期間の雇用を保証していないために、多くの企業では従来通りの
教育訓練をそのまま継続することができなくなっている。

　経営側（「日経連」）が「従業員自律・企業支援型」教育訓練を奨励してきた
のはこのためである。そこには、雇用が打ち切られるか継続されるかは従業員
の自己責任である、という考え方がある。従業員は、「雇用され続ける能力」
の有無が雇用の保証を決めるために、企業の要請や処遇の変更に応じて、能力
やスキルの向上に、企業内外の環境を視野に入れて、自ら積極的に努めなけれ
ばならない状況下におかれるが、経営側には、従業員が企業環境の変化に対応
できるように、スキル向上の機会を与える責任が生まれる、というわけである。
例えば、「新入社員教育と基本的なOJTは全社的に統一的に実施する　→　自己
啓発支援策を含め多様な研修プログラムを用意するが、どの研修を受講するか
は個人の選択に委ねる」というのはそのような新しい試みの事例である。

3．多様化する労働時間と勤務場所

　2006〜2007年にホワイトカラーを労働時間管理の対象外とすること（ホワイトカラー・エグゼンプション）が検討され挫折したが、2018年に、残業時間の上限規制、同一労働同一賃金そして高度プロフェッショナル制度を主内容とする「働き方改革関連法」が成立し、すべての従業員の働き方を同一尺度の労働時間で規制してきた流れに変容が生じている。ここに至るまでにはそれなりの伏線が敷かれていた。

　労働時間にはいくつかの言葉がある。例えば、就業規則に始業時と終業時が明示され、通常、この時間帯は拘束される（拘束時間）が、そのすべてにわたって従業員が使用者に労務を提供しその指揮命令に服している（労働時間）わけではなく、その間に休憩自由時間が設けられている。拘束時間から休憩自由時間を差し引いた実際に働く時間は所定労働時間といわれている。

　所定労働時間は法的に次のように規制されている。

　イ）「一日8時間、一週40時間」原則（法定労働時間の上限）

　ロ）「時間外労働協定・明示」原則（36協定）

　ハ）「勤続年数に応じた年次有給休暇付与」「年次休暇時季指定」原則

　ニ）「6時間以上45分、8時間以上60分休憩」一斉付与原則

　日本人の実際の労働時間は、「内閣府規制改革会議　雇用ワーキンググループ資料」（2013年）によれば、1980年代は年間2,100時間であり、2010年代に入って年間1,840時間で推移している。この時間数は欧米諸国と比べると高い数字であり、ここ30年間で平日（月−金）1日当たり労働時間は増加している。欧米が「週35時間労働制」を目指している現在、統計上の数字だけをみても、日本人は「働き過ぎ・働かされ過ぎ」である。

　企業はこのような現状に対して制度的に対応してきた。労働時間の上限は「一日8時間、一週40時間」であるが、一定の条件を満たしていれば、事業の内容に応じて、交代勤務や残業も可能であり、加えて、企業は、1週間、1ヶ月さらには1年単位で労働時間の配分を工夫するなど、労働時間を柔軟に組み立てることができる。これが「変形労働時間制」である。さらに、労働時間の

弾力化策・勤務場所の柔軟化策として次のような制度が導入されている。
①みなし労働時間：労働時間の算定が困難な場合に、一定の労働時間を所定労
　働時間としてみなすこと
②フレックスタイム制：始業時と終業時の決定を従業員個人に委ねる制度。コ
　ア時間とフレキシブルな時間帯を設定し、コア時間帯のみ全員が一斉に働く。
③勤務場所の柔軟化：在宅勤務型テレワーク（「tele ＝ 離れた所」と「work ＝
　働く」をあわせた造語。自宅で、インターネットなどを活用して仕事をする働き方）、
　SOHO型テレワーク（スモールオフィス・ホームオフィス。IT機器を利用して、小さ
　なオフィスや自宅などでビジネスを展開すること）。
　みなし労働は裁量労働制のなかでもおこなわれている。裁量労働制とは労働
時間の長さと実際の成果や業績が必ずしも連動しない職種において適用される
制度である。みなし労働時間分を労働したこととして「みなす」方法には3つ
のタイプがある。
　　イ）事業場外労働のみなし労働時間制：通常、社外で業務の全部または一部
　　　　が行われる営業職等に適用されるが、テレワークの領域などで適用される
　　　　ケースが増えている。
　　ロ）専門業務型裁量労働制：業務遂行方法が担当者の裁量に委ねられる専門
　　　　業務に適用される。
　　ハ）企画業務型裁量労働制：企画・立案・調査・分析に携わる企画業務に適
　　　　用適用される。
　後者の2つは従業員の労働を量（労働時間）ではなく質（成果）によって評
価しようという発想にもとづいて導入された制度であり、サービス労働の拡大
に対応している。
　しかし長時間労働はいまだに解消されていない。残業には、残業代が支払わ
れる制度上の残業－このタイプの残業は法律あるいは就業規則で上限が定めら
れている－だけではなく、「正規な」残業として届けられない、能力不足で勤
務時間内で処理できなかった仕事を自己責任で片づけているという形で処理さ
れる残業、あるいは自宅に仕事を持ち帰る「風呂敷残業」があり、後者のタイ

70

プの残業が問題視されている。いわゆるサービス残業である。日本企業で長時間労働を生みだしている要因は次の2つである。

第1は、従業員にとっての外在的要因である。一方で、株価至上主義経営 → 企業間競争の激化 → 高いノルマの設定 → 所定外労働時間の延長というメカニズムで外圧が働き、他方で、就業形態が多様化し、特定層（正社員）へのしわ寄せが生まれ、残業そしてサービス残業の発生が常態化している。

第2は、従業員にとっての内在的要因である。もともと日本企業では、低賃金であるために収入増を求めて残業をしなければならない構造があったが、それだけではなく、企業内の人間関係に加えて人事考課（態度考課）で勤務態度が評価されるために、職場に残業を拒否しにくい風土が生まれ、時間外労働が恒常化しサービス残業の発生につながっている。

これらはいずれも法律を超えた（法的には対応が難しい）問題である。

4. 改革が続く賃金制度

日本企業で制度化されている賃金は「月例賃金＝基本給＋各種の手当」であり、それに加えて、賞与が支払われるのが一般的である。図表7-3（厚労省資料）が示しているように、基本給には多様な種類（名称）の賃金があるが、1つの企業でそれらすべての種類の賃金が存在しているわけではなく、適当に（図表以外の名称の賃金を含めて）組み合わせて支払われている。したがって、日本では賃金支払い形態が企業ごとに相違している。

賃金にはヒト基準賃金と仕事基準賃金がある。ヒト基準賃金はヒトの属性（年齢、性別、学歴など）を基準にして支払われる。日本では、4月に「新規に一括して定期採用された学卒者」の初任給を出発点として毎年「定期昇給」されて賃金が支払われてきた。これが年功賃金であり、日本の賃金の原型である。

年功賃金は生活給であり、従事している仕事の内容や成果に関係なく、その額は勤続年数に応じて決定される。このメカニズムは、技能が勤続年数に比例している時期には有効であった。その後、機械化（オートメーション）の進展などで熟練のあり方が変化したために、若年層から不満が生まれ、公平な賃金

図表 7 − 3　日本の賃金

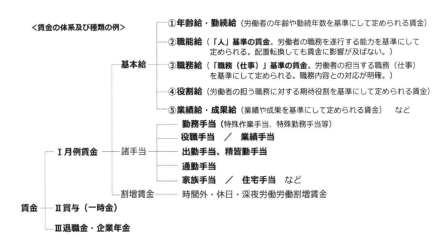

出所：http://www.mhlw.go.jp/file/06-Seisakujouhou-11650000-
　　　Shokugyouanteikyokuhakenyukiroudoutaisakubu/0000190518.pdf

格差の確立を目指して、1960年代以降今日まで年功賃金の修正が続いている。

　企業側および労働組合がまず注目したのがアメリカで生まれた職務給である。職務給は、企業内の仕事を職務に分解しそれぞれの職務の相対的価値を評価基準（熟練、努力、責任、作業条件）にもとづいて確定し、企業内のすべての仕事をランク付け、その序列に沿って賃金額を決定する制度である。これは就いている仕事に対して支払われる仕事基準賃金（「仕事給」）であり、就いている仕事の内容（価値）が同じであれば同一額の賃金が支払われるという意味で同一労働同一賃金（同一価値労働同一賃金）である。

　この職務給は、日本では個人が担当する職務（仕事）が明確にされていないために、年功賃金との折衷型として成立した。基本給に年功部分に加えて職務給部分も組み入れた併存型職務給と年功的基本給を職務給的に再構成する混合型職務給（通称「公務員型」）であり、どちらにも年功賃金が貫かれている。

　職務給に代わって1980年代以降日本で普及したのが職能給である。これは職務遂行能力に対して支払われる賃金であり、日本独自の賃金形態である。職能

給は、基本的には、企業内の仕事を、一方で、作業職、事務職、技術職、専門職、管理職などに分類し、他方で、職務遂行能力に照応した職能等級あるいは資格区分を設定して、従業員を区分する「いれもの」を作成する → 職種ごとに、従業員を特定の職能等級（例えば、3等級）にはり付ける → 職能等級ごとに賃率を設定する、という仕組みになっている。これは、見かけは仕事給であるが、年功賃金との継続性があるために、多くの企業で導入された。

　日本の賃金は1990年代後半以降大きく変容する。量的には、年齢別従業員構成が高齢化へとシフトして人件費が膨張し、質的には、ICTの進展や女性の社会進出、標準家族の崩壊など企業を取り巻く社会環境の変化に連動する形でいままでの賃金格差のあり方が問われ、企業は公平な賃金の実現に取り組まざるを得ない状況下に置かれたのである。

　年功賃金が終焉を迎えたことを示したのが（ヒト基準から仕事基準への転換を目指した）成果主義賃金の導入である（1995年は成果主義元年である）。従業員がどのような能力を保持しているかを評価するのではなく結果を問い成果を出した従業員を高く処遇する制度が成果主義であり、仕事の成果に対して支払われる（成果が賃金に反映される）のが成果主義賃金である。成果主義賃金には幾つかの種類がある。例えば、年俸制、（年功部分を排除した）職務給の成果主義化および職能給の成果主義化、（特定の仕事で実際に高い成果を生み出しているヒトの行動特性（コンピテンシー）に注目し、それをモノサシにして個々の従業員の仕事ぶりを評価して個別的に賃金とリンクさせる）コンピテンシー給、そして役割給等。

　成果主義賃金では確かに結果を出せば平等に評価される。しかし、結果が出ない場合にはすぐに賃金が下がるだけでなく、「結果のみで評価 → 達成に至る努力や過程が無視される → 仲間意識や技能の継承が薄れる」というマイナス面があり、次第にそれが表面化する。そのため2000年代に入ると成果主義賃金の見直しが進められ、その中で役割給への関心が高まっていった。

　役割給は、職務に要求される役割責任・職責・権限のレベルの高さ、大きさにより役割ランクを設定し、従業員を格付け、その役割ランクに応じて賃金が決定される制度である。役割は、従業員が仕事の過程で果たさなければならな

い使命、企業目標達成への貢献度を意味し、「日本版の」仕事給といわれることもあるが、ヒト基準の賃金である。管理職だけではなく一般社員をも対象にして役割給を導入する企業が、サービス業を中心に、増えている。

　2010年代後半以降、男性と女性の賃金格差の解消、正規社員と非正規社員の均等処遇を求める動きがより一層活発化し、働き方改革の名のもとで、企業に「日本型」同一労働同一賃金（同一価値労働同一賃金）の実現を求める動きが表面化している。政府や財界が念頭に置いているのは（同一職務に複数の賃率が設定されている）範囲職務給であるが、役割給も運用次第では「同一価値労働同一賃金」に近い賃金である。ただし、すべてが現場の判断（個別企業内の労使交渉）に委ねられており、結果的には、今以上に企業毎の個別化（賃金形態の多様化）が進むような様相を呈している。

第3節　ワーク・ライフ・バランス

　現代企業は社員のワーク・ライフ・バランス（work-life balance：WLB）支援に向けて積極的に取り組んでいる。福利厚生の外注化やカフェテリアプラン（企業が従業員に一定の内容の福利厚生を押しつけるのではなく、従業員がいくつかのプランのなかから好きなものを選択できる制度）、さらにはファミリーフレンドリー企業として育児休暇制度・介護休暇制度・ボランティア休暇制度・リフレッシュ休暇制度の導入など。これらは従業員のライフスタイルの変化への対応と市場競争力の強化の同時的解決を目指した方策であり、そこには、ワーク・ライフ・コンフリクト状態に陥っている社員からは貢献意欲を引き出すことは難しい（モチベーションが確実に低下する）、という考え方がある。

　ワーク・ライフ・バランスは今後のHRMの大きな課題である。

参考文献
片岡信之編著『新版　要説経営学』文眞堂、2011年。
今野浩一郎・佐藤博樹『人事管理入門　第 2 版』日本経済出版社、2009年。

佐藤博樹・武石恵美子編著『ワーク・ライフ・バランスと働き方改革』勁草書房、2011年。

宮坂純一『賃金と働き方』晃洋書房、2019年。

http://www8.cao.go.jp/kisei-kaikaku/kaigi/meeting/2013/wg2/koyo/131031/item2.pdf

第8章　リーダーシップ

　ちょっと考えてみてほしい。あなたの周りにリーダーと呼ぶにふさわしい人はいるだろうか。これまで出会った先生や先輩、部活動の部長などは、リーダーらしい行動をしていただろうか。あなた自身は、リーダーシップをもっているだろうか。もし、もっていると考えているなら、どのような行動や考え方が根拠になっているだろうか。

　この章では、リーダーシップを理解するために、まず、マネジャーとリーダーの違いをコッターらの議論から明らかにする。次に、古典的なリーダーシップ論を紹介しながら、そのタイプ分けや考え方のなかには、マネジメントとリーダーシップの概念が混在していることを理解してもらう。そのうえで、現在あるいは今後必要とされるリーダーシップを考えるために、変革者としてのリーダーやリーダーシップ3.0とも呼ばれる支援者としてのリーダーの概念を紹介する。この章を通じて、すぐれたリーダーに必要なスキルや行動を考え、読者自らのリーダーシップの発揮について考える機会としてもらいたい。

第1節　リーダーとマネジャーの異同

　マネジャーは公式な組織上の職位や役割を背負っていて、リーダーシップを発揮すべき存在であるが、部下たちにリーダーとして尊敬される存在になっているかは別問題である。

　そういった疑問に、リーダーシップ論を研究するコッターら（1999）は、次のように主張している。

　マネジメントやマネジャーは、20世紀の企業が大組織になる過程で生まれてきたものであり、組織が大きくなれば、分業が進み、各機能の調整や統制をし

ないと企業全体として円滑に活動することが難しくなる。そのための調整や統
制の役割を担うのがマネジメントであり、マネジャーの役割である。

　他方、リーダーとは、変革をおこなう人のことである。リーダーは組織が進
むべき方向やビジョンを示し、メンバーがそのビジョンにもとづいて行動をお
こなうように動機づけることが重要な仕事となる。そういったリーダーとして
の役割を果たす力がリーダーシップであるといえよう。

　リーダーとマネジャー、それぞれの行動の特徴は、小杉によって、図表8－
1のようにまとめられている。

図表8－1　マネジャーとリーダーの違い

マネジャー	リーダー
・処理する	・革新する
・維持する	・開発する
・システムと組織構造に注目	・人に注目
・統制に依存する	・信頼を築く
・短期的視点	・長期的展望
・いつ、どのように	・なぜ、何を
・何かのコピー	・自分のオリジナル
・現状に甘んじる	・現状に挑戦する
・古典的な良い兵士	・自分自身という個人

出所：小杉俊哉『リーダーシップ3.0』祥伝社、2013年

　リーダーは、長期的な視点で何をやるか、それはなぜか、を考えるところか
ら始めるため、結果的に上司や前任者がやってきたことを変革することが必要
になる。方向性を示し、メンバーを鼓舞して巻き込んでいく必要があるため、
リーダー個人の存在とその力が問われることになる。

第2節　古典的なリーダーシップ研究

　リーダーシップ研究といえば、三隅二不二が提唱したＰＭ理論が世界的に有
名であり、後の米国におけるリーダーシップ研究にも大きな影響を与えている。

彼は独自の着想と現場調査の結果にもとづいて、1964年にその枠組みを提唱している。

　彼は、集団の機能には、①集団の目標達成ないしは課題解決に向かう機能と②集団の自己維持と強化をおこなう機能の2つがあるという。前者は、Performanceの頭文字をとってP機能と略され、後者は、Maintenanceの頭文字をとってM機能と略される。P機能とM機能の強弱の組み合わせでリーダーシップの類型は4つに分けられるが、それを表したのが、図表8－2である。

図表8－2　ＰＭ理論の4類型

出所：二村敏子編『組織の中の人間行動』有斐閣、1982年

　理想的なマネジャーであり、リーダーシップが発揮できているのは、右上のPM（ラージピー・ラージエム）であり、リーダーシップの発揮はおろか、マネジャーとしても頼りにならないのが、左下のpm（スモールピー・スモールエム）である。この理論の興味深いところは、P機能とM機能の強弱を決めるのは、部下からの評価であり、上司は自らをPM（ラージピー・ラージエム）であると思い込むことが多いが、実際の部下からの評価はそうでないことが多いこともわかっている。

　先ほどのマネジャーとリーダーの相違を考えると、pm（スモールピー・スモールエム）は、明らかにリーダーとは呼べない。三隅のPM理論は、古典的なリーダーシップ論として著名であるが、実際には、マネジャーの類型を示している

といったほうが適しているかもしれない。

　その後は、リーダーシップのコンティンジェンシー理論に関する一連の研究が生まれる。コンティンジェンシーとは、職場の状況や部下の成熟度によって、適したリーダーシップスタイルが異なるという考え方である。例えば、ハーシーとブランチャードは、部下の成熟度を「部下の目標達成意欲」「責任負担の意思と能力」「集団における経験」の3項目で測り、優秀で経験豊富な部下には、大いに仕事を任せることが重要な一方で、未熟で経験の浅い部下にはまず仕事のやり方を徹底して教え込むべきであることを明らかにしている（塩次・高橋・小林、1999）。

第3節　新しいリーダーシップ理論

　社会で求められるリーダーシップのタイプは時代とともに変化しているため、小杉（2013）は、リーダーシップ3.0の考え方を紹介している。

　まず、リーダーシップ1.0とは、「中央集権の権力者」であり、古代、中世の時代では、専制君主であり、19世紀に入ってからは、軍事国家プロイセンの参謀総長モルトケが構築した近代的中央集権組織が代表的である。モルトケが考えたのは、組織を人体になぞらえ、参謀本部のエリートが頭脳となって、戦場の兵士を手足のように使う仕組みである。権力者がヒエラルキーの頂点に立ち、指示命令により、中央集権的に組織を支配する。

　20世紀末に注目されるようになったのが、リーダーシップ2.0である。日本企業は、ちょうどバブル崩壊後、かつては、ジャパンアズナンバー1と呼ばれ、世界第二位の経済大国として順調に成長していた時代もあったが、それらの栄光が急速に勢いを失った時期であった。日本経済が低迷期に入った時期、従来の既得権益にあぐらをかき、進取の気性を失った企業は長引く不況の中で規模の大小にかかわらず倒産していった。他方、市場環境の変化や技術革新に合わせて、組織を大胆に組み替え、新たな戦略にもとづいて新製品や新サービスの提供に成功した企業も数多くあった。そうした企業の組織変革をリードしたの

が、リーダーシップ2.0であり、「変革者」と呼ばれる。このタイプのリーダー
は、組織の方向性を提示し、大胆に事業領域や組織の再編を行い、競争や学習
を促し、縦割りの部門間をまたがるプロジェクトチームの結成や社員間の交流、
活性化によって組織を変革する。

　小杉によると、リーダーシップ2.0の代表が、ＧＥ（ゼネラル・エレクトリック
社）のジャック・ウェルチである。彼は、工業製品の大量販売というパラダイ
ムからいち早く脱し、製品とサービス、メンテナンスを組み合わせた新しいビ
ジネスモデルを構築することに戦略の重点をおいた。彼は、組織のビジョンを
繰り返して言い続け、何十万もいる従業員に理性と感情で訴え続け、人材育成
や教育に莫大な投資を惜しまなかった。

　他方、日本企業のリーダーシップ2.0を発揮した経営者には、世界初の量産
型ハイブリッド車・プリウスを世に送り出したトヨタの奥田碩（おくだひろし）
や、約２兆円の借金を抱えた日産を見事にＶ字回復させたカルロス・ゴーンが
いる。

　リーダーシップ2.0に代表される変革者としてのリーダーには、特徴的な傾
向がある。それは、権限集中、トップダウン、経験に裏打ちされた知識、デー
タや事実にもとづいた判断ができるということである。しかしながら、そうし
たリーダーには、その強さゆえのリスクが発生する。例えば、個人の力量に依
存するところが大きいため、組織が個人の器を超えられない。また、救世主の
ように社内で尊敬されるため、社員が受け身になり、リーダーに異を唱えるこ
とができないイエスマンを増やしてしまう。事業環境はめまぐるしく変化する
ため、トップが必ずしも答えをもっていないこともあるが、新しいビジネスモ
デルをボトムアップで作り上げる力を組織として失っている可能性も高い。

　21世紀以降に求められるリーダーシップとして注目を集めているのが、リー
ダーシップ3.0と呼ばれるタイプである。リーダーシップ3.0のリーダーは、
「支援者」である。イメージとしてわかりやすいのが、従来のピラミッド型組
織を逆にするという考え方である。

80

図表 8 - 3　ピラミッド型から逆ピラミッド型へ

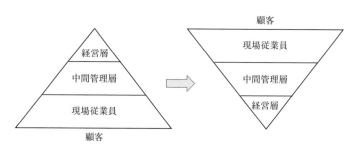

出所：小杉俊哉『リーダーシップ3.0』祥伝社、2013年より加筆

　このタイプのリーダーは、組織全体に働きかけ、ミッションやビジョンを共
有し、コミュニティ意識を育てていく。それと同時に個々の従業員とも向き合っ
て、オープンにコミュニケーションをとり、働きかけて、組織や個人の主体性、
自律性を引き出す。組織全体をそのような場として整えていることが最も大切
であると考える。

　支援者としてのリーダーは、もちろんミッションをもち、その使命感をもっ
て、事業をおこなうが、リーダー本人が必ずしも答えをもっているわけではな
い。ここが、変革者としてのリーダーとの違いである。企業の有能な人の英知
を集め、既存の技術や知識を用い、試行錯誤を繰り返すことによってはじめて、
新しい価値を生むことができるため、そういった「場」や「仕掛けづくり」が
リーダーの役割である。

　リーダーシップ3.0の特徴をまとめると次のようになる。

1、「自律した個人」の存在が大前提

2、組織と個人、リーダーとフォロワーは対等

3、リーダーの役割はいかに個々のメンバーとの「信頼」を築くか

4、いかにして、一人ひとりの潜在能力を引き出すように支援するか

5、運命共同体ではない、コミュニティ

6、ネットワークにより情報はふんだんに得られる

　支援者としてのリーダーに関する理論として、サーバント・リーダーシップ

をここで紹介しておこう（池田・金井、2007）。

　サーバント・リーダーシップが最初に提唱されたのはかなり古く、1970年に発表されたグリーンリーフの小冊子であるといわれる。サーバントとは、「召使い」という意味であり、一見するとリーダーとは矛盾するように思われる。しかし、グリーンリーフはミッションをもち、ビジョンを描いて上に立つ者ほど、みんなに尽くすタイプの人でなければならない、という。部下が本当に困っているときには、しっかりと支援する。それは、部下たちに媚びるのではなく、強い意志をもち、ミッションやビジョンを実現するためにサーバントに徹するということである。サーバント・リーダーシップの特徴のうち、重要なものを5つ紹介しよう。

①大きな夢、ビジョンをもっていること
②傾聴と理解
③控えることを知っている
④説得上手
⑤癒しと役立ち

　リーダーとして目指すべき方向性を示しながらも、そのための具体的な行動は、あくまで組織メンバーの意見に耳を傾け、彼らが能力を最大限に発揮できるように組織をととのえようとする。納得がいかない、あるいは変化することへの不安があるメンバーは粘り強く説得し、組織の中で、のびのびと働けるように上手に雰囲気づくりをおこなうリーダー像が上記の特徴から想像できるであろう。こうしたリーダーの具体例は控えめであるだけに、なかなかメディアで取り上げられることはないが、例えば、サイバーエージェントの藤田晋（ふじたすすむ）のような人物は、職場での退職率低下や社員の多様な働き方を積極的に奨励しているため、サーバント・リーダーシップを発揮しているといえるかもしれない。

　小杉が分類し、時代に応じて変化してきたリーダーシップのタイプをまとめると次のようになる。

図表 8 － 4　リーダーシップ1.0-3.0

リーダーシップ1.0	中央集権の権力者 権力者が頂点に立ち、指示命令により中央集権的に支配する。
リーダーシップ2.0	変革者 組織の方向性を大胆に提示し、部門間の再編や競争、交流を促して組織を変革する。
リーダーシップ3.0	支援者 組織全体にビジョンを共有させると同時に社内外の人とコミュニケーションをとることで支援する。

出所：小杉俊哉『リーダーシップ3.0』祥伝社、2013年から作成

第4節　支援者としてのリーダーに必要なスキル

　リーダーシップ3.0に代表される支援者としてのリーダーになり、サーバント・リーダーシップを発揮するためには、どのようなスキルが必要になるだろうか。ここでは、リーダーシップ発揮のために磨くべきスキルについて、あらためて考えてみたい。

　リーダーが磨くべきスキルの1つ目は、共有すべきビジョンをもち、周りを積極的に巻き込む力である。変化の激しい環境に適応し、会社としてのミッション（使命感）を果たしていくために、どのような戦略を策定し、組織をどのように動かしていくのか。自分自身のこれまでの失敗や挫折を含めた経験や会社の中で築き上げた信頼感にもとづいて、辛抱強くミッションとビジョンを浸透させていく必要がある。

　もうひとつは、傾聴力を含めたコーチングの力である。支援者としてのリーダーシップを発揮するためには、従業員一人ひとりの能力を存分に発揮してもらう必要がある。そのためには、会社に貢献したいと考えている彼ら一人ひとりの問題意識にじっくり耳を傾け、理解する必要がある。そのうえで、従業員

との対話を通じて、彼らの主体性を引き出し、自ら積極的に考え行動できる人財（かけがえのない人材）に育てる力である。変革者としてのリーダーと違い、支援者としてのリーダーは、エンパワーすることがより重要となる。現場が自らの判断で動けるように、必要なリソースを調達できるように、場を整えたうえで権限を委譲することが大切である。

　フォロワーシップの研究が小野（2016）によってまとめられているが、「リーダーとの関係における個人的行為にもとづく行動」すなわち、リーダーとの社会的相互作用がフォロワーシップであり、このリーダーのために、このリーダーとともにビジョンにもとづいた目標達成をしたいと考える組織メンバーすなわちフォロワーを増やしていくことは、組織として大きな力になるはずである。

　生まれつきリーダーとしての資質をもっている人はいない。経験の蓄積と自らの努力によって、リーダーに必要なスキルを身につけてきた人が、優れたリーダーになれるのである。池田・金井（2007）が主張するように、縁の下の力持ちのような一見日の当たらないような仕事であっても、周りの人に奉仕することには変わりはない。サーバント・リーダーシップに代表される支援者としてのリーダーシップの発揮は、自分に合った方法で、周りに奉仕する気持ちで行動することから、誰でもスタートすることができるのである。

参考文献

二村敏子編『組織の中の人間行動』有斐閣、1982年。

池田守男・金井壽宏『サーバントリーダーシップ入門』かんき出版、2007年。

小杉俊哉『リーダーシップ3.0』祥伝社、2013年。

Kotter,J.P. John P Kotter On Leadership, Harvard Business School Publishing Corporation, 1999.（DIAMONDハーバード・ビジネス・レビュー編集部、黒田由貴子、有賀裕子訳『第2版　リーダーシップ論』ダイヤモンド社、2012年。）

小野善生『フォロワーが語るリーダーシップ』有斐閣、2016年。

塩次喜代明・高橋伸夫・小林敏男『経営管理』有斐閣、1999年。

第9章　ものづくり

第1節　経済学的理解

　「ものづくり」は経営学以前に、経済学において研究がなされた。経済学は生産活動によって経済を、それを基盤とする社会を発展させ、私たちに豊かさをもたらすという前提がある。マクロ経済学では国の経済全体を、ミクロ経済学では個々の現象を分析し、豊かな社会の実現に向けての提言をする学問領域でもある。生産活動をカギとして、経営学と経済学は密接な関係があり、両者を統合した視点から経営活動を捉えることは混沌として、流動的であり、不安定な今日的市場にあって、本質を捉える基礎となる[1]。

　James Wattによる蒸気機関を大きな出発点として、産業革命は世界に影響を及ぼした。生産システムに関する研究成果はイギリスの経済学者 Adam Smithによる1776年に出版された『国富論[2]』である。分業は労働者の生産性を向上させ、経済的な豊かさを生み出すと唱えられた。生産性の増加に対する分業の役割として、1つ目はすべての職人の技術が増進することである。それは後に不熟練化論と熟練化論に発展する。前者は作業が単純化することによって労働が熟練しないという主張である。後者は熟練化が促進され、専門職化につながるという主張である。2つ目はある仕事から次の仕事へ移る際に失われる時間が節約できることである。3つ目は機械設備の発明である。筆者の補足

1　本節は髙木直人編著『経営学へのご招待』（五絃舎、2017年）の第1章『経営学の登場』を基礎とする。

2　A. Smith, *An Inquiry into the Nature and Causes of the Wealth of Nations*, William Strahan, 1776. 新戸雅章『バベッジのコンピュータ』筑摩書房、1996年。

的見解にあって、生産活動は今日至るところでみられる自動化によって、不熟練労働者であってもそれを担えるようになった。しかし、そのような生産活動は生産システムと生産設備の高度化を前提とするものであり、例えば、製品開発や生産システム開発に携わる熟練した労働の結果として、専門職化を必然的に促進させる。先の論争はすでに記述されていたと認識するならば、先の主張は今日の社会・経済においても生産の根幹的な原理であり、彼は「近代経済学の父」と呼ばれるのは当然である。

　分業をSmithよりも進んだ形で科学的にまた構造的に生産活動を分析したCharles Babbageは数学者であったが、1832年に『機械化と工業化がもたらす経済効果[3]』を出版した。彼はプログラムが可能な計算機を考案した「コンピューターの父」であり、科学的管理法の登場以前に作業分析、時間測定、コストとの関係を分析し、単純化と専門化を検討していた。

　それらの研究成果は効率性の向上を目的とする。それは確かに消費者の生活を豊かにはするものの、その目的は資本の増殖を直接的な目的とすることを忘れてはならない。

第2節　大量生産システム

　上野陽一は科学的管理法が第二の産業革命であり、それは経済学原理、経営経済学、工場管理法、それ以外の分野にも大きく影響していると述べた[4]。作業現場での豊富な経験をもつFrederick Winslow Taylorが提唱した科学的管理法は労使関係と工場管理に着目し、怠業が生産に関わる最も深刻な問題であり、怠業の3つの原因として、能率の向上による失業者の増加という誤解、未熟な管理法による怠業の誘発、工具任せによる非効率を取り上げた。ズク運び、

3　C. Babbage, *On the Economy of Machinery and Manufactures*, London, Charles Knight, Paul Mall East, 1832. 堂目卓生『アダムスミス「道徳感情論」と「国富論」の世界』中央公論新社、2008年。

4　F. W. Taylor著・上野陽一訳『科学的管理法』産業能率短期大学出版部、1969年、1頁。

ショベル作業、レンガ積み、自転車用球の検査作業、金属を削る作業に関して、ストップウォッチを使用し、作業者の動作研究をおこない、適切な作業量を決めた。出来高払制度は経営管理者と労働者両者が抱える問題を解決するシステムであった。しかし、議会の証言に立たされたり、労働組合からの強い批判に対応しなければならなかった。自らが作業現場での様々な問題を直視し、それを解決する労働者の立場からの科学的根拠をもった経営管理者への良識ある提言は本質を捉えられない人々によって歪んだ解釈と痛烈な批判がなされたという経緯がある。

　大量生産方式が活用された代表的製品はフォードのT型自動車であり、アメリカの日常生活に革命的変化をもたらした[5]。ビュイック社でも組立ラインを設置して、生産効率の飛躍的向上が図られたが、フォード社はベルト・コンベアの導入によってさらなる躍進をした[6]。科学的管理法とベルト・コンベアの導入によるフォード生産システムは労働者に多くの効用をもたらした。熟練の不要により雇用機会が増加した。また、賃金上昇により、銀行預金や不動産等の資産が急速に増加した。労働者は消費者でもあるため、高賃金は直接購買力に結び付き、経済的好循環を形成した[7]。しかし、科学的管理法と同様に、強い批判が生じた。それはフォード社が高賃金を支払う一方で、それ以上に多くの利益を得た事実に対するものであった。また、単一のT型車の生産は低所得者にも自動車の所有を実現させたという多大な貢献を黙殺し、消費者に購買選択肢を与えない製造企業の利益追及姿勢に対する批判がなされた。

　科学的管理法を基礎としたフォード生産システムをトヨタ生産方式はさらに発展させた。多品種生産は相応の多種多様な部品を必要とし、効率化を図ろうとしても、工場面積が一定であるならば、生産量には限界がある。それを克服するため、生産管理の対象範囲の、工場内から工場外にある部品提供企業への

5　J. J. Flink, *The Car Culture*, The MIT Press, 1975.（秋山一郎『フリンク　カー・カルチャー』千倉書房、1982年）、18〜29頁。

6　同上、84〜90頁。

7　同上、96〜102頁。

拡大による全体最適化の推進が図られる。それはリーン生産方式とも呼ばれる。4つの重点項目であるジャスト・イン・タイム、自動化、少人化、創意工夫と以下の8つが遂行される。①多種多様な製品を効率よく生産するために、必要なモノの数と生産順序を最終工程に示し、後工程の者が前行程にモノを取りに行く。その際、モノに品番や必要事項が記載された「かんばん」を使用する。②多様なモノが各工程すべてにおいて効率的に生産されるための平準化がなされる。③多様な製品の生産を同一工程でおこなうために、生産リードタイムを短縮するための段取り替え時間の短縮がなされる。④すべての工程が効率的安定的に稼働するよう、それはラインの同期化を達成するため、作業の標準化がなされる。⑤「ワークセル」または「島」と呼ばれる場所に設備や機械が配置され、機械間のスペースが詰まり、モノの移動時間が最小化される。1人で可能な作業複数をまとめ、チーム・ワークが最大限発揮できるよう、各ラインの作業者数を弾力的に増減させるためのレイアウトがなされる。⑥多能工化により、作業内容の変化に柔軟な対応が可能である。QCサークルという小集団による現場レベルでの自発的改善活動と提案制度が力強く推進される。⑦「自動化」はトヨタでは「自働化」と表現され、ジャスト・イン・タイムと自働化が生産システムの鍵となる。不良品の発生防止対策として、機械設備に人間のような判断能力を備えさせたという意味で、人偏をつけた造語「自働化」を用いる。⑧各工程の品質管理をトータルに管理するシステムの強化として、機能別管理方式が採用される[8]。先の2つの生産システムと同様にトヨタ生産システムに対しても批判が生じる。ジャスト・イン・タイムはトヨタ自動車の工場内におけるシステムであって、それを下支えする下請け企業は膨大な浪費を強いられる。工場の前には長蛇の列をなした下請け企業の車が搬入の待機待ちをする。多能工化による人員削減は労働の強化ともいえる。小集団活動は協力関係と同時に相互監視体制も生み出すという批判がある[9]。

8 　景山僖一『トヨタシステムの研究―日本自動車産業論―』産能大学出版部、1993年、39～61頁。

9 　猿田正機「『トヨタ生産方式』と労働者―トヨタ自動車を事例として―」『中京経営研究』第2巻第2号、1993年。

　ファブレス生産システムは工場・生産設備を保有しない形態である。生産設備への投資が不要になるため、製品開発への注力や流動的な市場への迅速な対応が可能となる。これは科学的な技術水準の高い、または、ファッション性の高い製品が対象となる。生産設備への投資削除だけでなく、競争力強化のための革新的な製品開発による価値の上昇を推し量る有効な手段である。

　大量生産に大きく貢献した 3 つのシステムを整理すると、科学的管理法は人間の活動を効率的にするための作業に関わる改善であった。フォード生産システムは人間の活動をより強化するのではなく、機械設備のシステムを改善することによって、さらに生産性を高めた。先の 2 つの生産システムは工場内での改善であったが、トヨタ生産システムは工場の外部組織との連携による企業間関係の広がりをもった改善であるといえよう。このように大量生産システムは改善する対象をますます広げながら、また、異なる経済主体の有機的結合を推し量ることによって生産性を高めた。

第 3 節　製品開発

　製品開発の一般的なプロセスがテキストで紹介されるものの、それが忠実に遂行されることは多くない。そのプロセスは理念型であり、現実社会では多種多様にあり、定式化できないと理解すべきである。その最も大きな理由は分析対象となる製品の属性によって、製品開発プロセスは異なった様相をみせるからである。本章では製品開発の本質的部分を理解するために、大量生産とはまったく異なる少量生産システムからみていこう。

　1 つ目の事例として、ここでの少量生産は単に生産規模が小さいことを指すものではなく、大量生産では到底できない生産、ドイツのマイスター制度や日本の徒弟制度にみられる生産形態を指す。由緒正しき老舗和菓子店について、例えば、木型から落雁を取り出す単純にみえる工程に修行が 3 年間も費やされることがある。生産技術もさることながら原材料そのものの生産量が少なく、品質的にも希少性が認められる製品もある。高度な熟練を要する生産技術と高

品質な原材料でもって生産される製品は市場競争力が非常に高く、追随を許さない。

2つ目の事例として、直上と比較して売上高には確然とした差があり、大企業に位置づけられる海外高級アパレルブランド製品や特注品または一点物にみられるような、最先端の流行にある製品がある。それらの製品はデザイナーの感性が生み出す芸術的要素が兼ね備わったものである。彼らは社会の動向を肌で感じながら、流行を形成する製品のアイデアを洞察力で生み出すものであり、一定のプロセスは存在しない。先の事例と同様にそれらの製品は市場競争力が非常に高く、競合することもあるが、単純な勝ち負けではなく、棲み分けされた市場を形成するようになる。

ニッチ市場での追随を許さない企業は高度な生産技術、高品質な原材料、優れた洞察力も含めた製品開発力を有する。製品開発は技術革新を必要とする場合も多い。適切な利益が確保されるため、また、特定領域に限定された生産に関わる学習効果を高めるため、さらなる製品開発や生産技術の向上の土台が形成される。

製品コンセプトの設定方法として、アンケート調査、グループ・インタビュー、特定のメンバーで議論を積み重ねるブレーンストーミング、1対1で内容を深く掘り下げるため丁寧にインタビューするデプス・インタビュー、膨大な情報を1つのカードに1つの情報を書き込み、類似した情報毎にグループ化することで整理をするKJ法などがある。アンケート調査は頻繁に活用されるが、潜在的な消費者ニーズを探求するのには不十分であり、洞察力・直感という個人の能力に大きく依存する活動の方が先端的な製品コンセプトの設定につながっている。

理念型としての製品開発プロセスとして、John B. Stewartは6段階に分けた[10]。

1、アイデアの探求や収集段階・・・直上にあげた方法などによって、幅広く

10　J. B. Stewart, "Product Development," in G. Schwartz(ed.), *Science in Marketing*, Wiley, 1965, p.167.

アイデアを収集する。製品開発部門に止まることなく、営業部門または企
業の外部にまでその活動は広がりをもつようになった。消費者が直接的に
係わる場合もある。

2、アイデアの審査（スクリーニング）・・・生産に係わる制約条件なども加味
しながら、集められたアイデアを精査し、絞り込みをする。

3、アイデアの明確化・・・商品特性や研究開発のポイントを明確化する。

4、製品開発・・・試作品をつくると同時に、生産技術やシステムの改善・開
発もおこなう。

5、製品の市場テスト・・・試作品が消費者に受け入れられることを確認し、
予測される市場規模を前提として、具体的なマーケティング・ミックスを
検討する。

6、製品化・・・市場への導入をする。

第4節　豊かな社会におけるものづくり

　先進諸国である日本は世界経済への影響力が大きい。物質が生活を直接的に
豊かにする時代は過ぎ去り、国内総生産に占めるサービスの進展は目覚ましく、
精神的な豊かさを求める時代が到来したと論理的には説明できる。有形の製品
である物財は購入と同時に所有権が移転されるが、サービス財にはその移転は
なく使用権のみが発生する。例えば、高級リゾートで受け取る効用は消費者の
精神的側面に働きかけるものが多く、サービス財は心の豊かさに対する消費で
あるともいえる。その論理に従えば、日本の消費者の精神的満足度はますます
高まっているはずである。しかし、現実はそのようにはなっていない。

　デフレーション経済は諸外国にも発生する危険性があったものの、唯一日本
だけが経験する特殊的現象であり、その要因の1つがサービス財の生産に深く
関わっている。チップを支払うという習慣がない日本にあって、サービス財へ
の価値を十分に認識できない風土がある。サービス経済化が進展しようとも、
その考えは基本的に変わらない。サービス業に就業する労働者の給与が先進諸

外国と比較して明らかに低くなっている。例えば、ある一連のサービス財の生産活動から一部が分化する。日本における分化は専門分化ではなく、その根底には経費削減を目的とするものであり、サービス産業の拡大は分化したサービス財の生産に関わる労働者の給与を低下させる傾向にある。デフレーション経済の要因は名目賃金の引き下げや非正規雇用の拡大も大きく影響している。物財やサービス財など、全体としてそれらの価格が低下する傾向にあるデフレーション経済それ自体は豊かな社会を形成する要因であるとも理解される。しかし、価格の低下よりも給与が低下しているという深刻な問題が存在するためそのようにはならない。

　論理的には豊かな社会にあるはずの日本における今後のものづくりは将来を大きく左右する。12章で取り挙げる「イノベーション」が鍵となる。あるイノベーションによって、ある領域の産業が消失する可能性がある。しかし、イノベーションは従来には存在しなかった価値を生み出し、新しい市場を開拓する。新しい市場は関連市場の拡大を誘発し、全体としての雇用を創造する。雇用の拡大は私たちに職業の選択肢を増加させ、給与が高くなる土壌を創る。私たちは基本的に生産者側であると同時に消費者側でもあるため、給与の上昇は消費量の増加につながる。

※第2節は松井温文「生産方式」宮坂純一・水野清文編著『現代経営学』（五絃舎、2017年）を大幅に加筆修正した。

第10章　マーケティング

第1節　マーケティングの登場の必然性

　現代の私たちは、モノやサービスが満ち溢れた豊かな環境の下で社会生活を営んでおり、不自由を感じることは滅多にない。供給過多の状況下で供給する側の企業は、自社の存続のために、組織、事業、商品等を常に市場に適応させることが求められる。この市場に対する企業の適応戦略がマーケティングである[1]。では、マーケティングは何を契機に発生したのであろうか。そこには必然性が存在するはずである。昔に遡って考えてみよう。

　原始社会における血縁や地縁を中心にした共同体での生活は、自給自足が基盤であった。それぞれの共同体が位置する場所に応じて狩猟、漁労、農耕を中心に生活が営まれていた。住居が山に近ければ獣や山菜を確保できるし、海辺の人々は魚介類を採り、平地の民ならば野菜等を採取することができる。これらの作業は集団生活の領域拡大に応じて量的・質的に発達を遂げる。つまり、最初は自分たちの集団だけが食べられさえすればよかったものの、生産量が増加することで自己消費することができないほどの量を手にすることになる。これを余剰生産物という[2]。

　貨幣が存在しなかった当時の人々は、自分が所有する物と、相手が所有する物とを互いに取りかえる物々交換によって必要な物を入手していた。これは人類にとって最も原始的な経済取引であり、余剰生産物も物々交換によって取引

1　岩永忠康『現代マーケティング戦略の基礎理論』ナカニシヤ出版、1995年、46頁。
2　柳純「商業の生成と存立根拠」（柳純編著『激変する現代の小売流通』五絃舎所収）2013年、27頁。

94

された。これによって山間部に住む住民が魚介類を手にすることが可能になり、海辺の漁民が獣肉や山菜を手にすることが可能となった。

やがて、余剰生産物の交換は生活必需品や装飾品などの物品貨幣から金属貨幣へと変遷した。交換行為あるいは売買は、物々交換から媒介物が介在する交換に変化を遂げるとともに、市場の地理的領域を拡大させた。資本主義経済が確立してくると製造業者は大規模化・寡占化し、大量生産・大量販売・大量消費を志向して積極的な市場介入によって流通・販売に関与する、マーケティングが展開されるようになる[3]。

世の中に商品が豊富に流通している現代においては、生産が消費を越えておこなわれてモノ余りが常態化する。その打開策として活躍するのがマーケティングである。それは突発的に生まれたものではなく、極めて合理的な理由にもとづいて登場していることが確認できた。

第2節　マーケティング・ミックス

企業が利益、売上高、市場占有率、知名度などの諸目的を達成するために用いるマーケティング諸手段の組み合わせがマーケティング・ミックスである。競合他社の市場を奪取しようと試みる、その構成要素は、マッカーシーが唱えた4Ps理論が広く認知されており、製品（Product）、価格（Price）、流通経路（Place）、販売促進（Promotion）の4つの統制可能な変数に絞り込むことができる[4]。各変数は、それぞれ細かく分けられる。マーケティング・ミックスは、これら主軸となる4つの要素と、それぞれの下位レベルであるサブ要素を効果的に取り入れることで、最適ミックスを構成することが重要である。

3　岩永忠康「現代流通のアウトライン」（西島博樹・片山富弘・岩永忠康編著『現代流通の基礎』五絃舎所収）2011年、17頁。
4　E. J. McCarthy, *Basic Marketing*, 8th ed., Richard D. Irwin, Inc. 1984, p.46.

●製品戦略

　製品はマーケティング活動の中心的な展開要素であり、その種類や特質によっ
て採択される戦略が異なる。例えば製品は、人間と同様に寿命が存在すると解
釈することができる。つまり、新製品として市場に投入された後に広く普及す
るものの、やがて現れる代替製品によって市場から淘汰される運命にあるとい
う概念であり製品ライフ・サイクルという。製品開発期を第一段階として捉え
る5段階説も存在するが、ここでは基本となる4段階説を確認しておこう[5]。

　「導入期」・・・新製品が市場に導入された直後の時期である。導入期は時間
を要し、売上高の伸びにも同様の傾向がある。インスタント・コーヒー等のよ
く知られた製品であろうと急速な成長期に至るまでには年月を要した。この段
階の売上高は低く販売促進費用もかさむために、利益はマイナスあるいは僅少
である。流通業者を確保して在庫を保有させるのに多額の資金を必要とする。
また、新製品が発売されたことを大々的に消費者に認知させるために巨額の販
売促進費用も必要になる。
　この段階の製品は基本的なものに止まり、競合企業の数も多くはない。生産
量は少なく、技術面でも発展途上にあるので販売促進費用を大きく確保する必
要があり、製品の価格は高めに設定せざるを得ない。結果として、企業は高所
得層の顧客に照準を合わせることになる。

　「成長期」・・・販売量が急激に伸びて利益も増加する時期である。この段階
では売上高が急速に上昇を開始する。初期の購買者である高所得者がリピーター
になることに加えて、多くの一般消費者も購買を開始する。他方で、ビジネス・
チャンスと捉える競合企業が新たに市場に参入する。彼らは新たな製品特性を
付加するので市場も拡大する。これら競合企業の増加は、取り扱い小売店の増
加をもたらし、それに見合うよう工場出荷量も増加する。企業は競合企業に対

5　コトラー＆アームストロング著／和田充夫・青井倫一訳『新版　マーケティング原理』ダイヤモ
　ンド社、1995年、388、392-395頁。

抗すべく、販売促進費を増加して市場の教育を継続的におこなう。販売促進費は販売量増加に伴い減少し、売上高の伸びに応じて単位あたりの製造コストは低下するので利益は増加する。企業はこの成長期間を最大限に享受し続けるためにあらゆる努力を惜しまない。品質改良、新特性の追加やモデル数の増加に加えて、新市場、新セグメント、新流通チャネルへと参入する。

　広告表現も、従来の知名度を向上させるものから、当該製品を納得させたうえで購買に結びつけるものへと転換する。この段階の企業は製品改良、販売促進、流通対策に多くの資金を注入することで支配的地位の獲得が可能である。

　「成熟期」・・・販売量が鈍化する段階である。売上高伸び率の鈍化は、多数のメーカーが多数の製品を販売する状態のシグナルであり、過剰生産が生じて競争が激化する。製品価格の低下、販売促進費と研究開発費の増加によって企業の利益は減少する。次第に体力のない企業が市場から脱落し、結果として業界は競争に耐えうる一定水準の企業によって構成される。企業は、積極的な市場開拓や製品開発、マーケティング・ミックス戦略の見直しを検討すべきである。

　「衰退期」・・・売上高が急落し、利益も低下する段階である。売上高が下落する理由として、技術の進歩、消費者の嗜好の変化、競争の激化があげられる。売上高と利益の下落が進展するに伴って多くの企業が市場から撤退する。市場に残った企業は、既存製品の生産と販売を縮小し、市場セグメントや流通チャネルを削減する。販売促進費も削減され、製品価格も切り下げられる。

●価格戦略
　価格戦略の基本的なものに、価格設定がある。これには、企業を取り巻く環境要因としてコスト、需要、競争のいずれかを重視する３つの方式がある[6]。

6　岩永忠康『現代マーケティング戦略の基礎理論』128頁。

　1つ目のコスト重視型価格は、材料の仕入原価、製造および販売に要したコスト（経費）に利益を加えるものである。これにはコスト・プラス方式、目標利益方式、損益分岐点方式の3つがある。①コスト・プラス方式（原価加算方式）は、原価に一定のマージンを加算する。マージンは粗利益（グロス・マージン）とも呼ばれる。②目標利益方式は、今期の目標利益をあらかじめ固定費に算入し平均原価を求める。前年度の総コストを総販売量で割り、前年度の平均原価を算定する。今年度の総販売量実績が前年度を上回れば黒字となり、逆に下回れれば赤字となる。販売量目標は、前年度比で○％アップという形で表現される。③損益分岐点方式は、当初から販売量と収支の関係を明確化する必要がある場合に採択される。固定費が大きく、生産量や販売量によって単位当たりの原価が大幅に異なる場合に有効である。損益分岐点とは、総収入と総費用とが一致する点であり、収支は0となる。この点より販売量が上回る場合は利益が発生し、下回る場合は損失が生じる。

　2つ目の需要重視型価格は、コストを基礎にしながらも、需要を基準に価格を設定するものである。これは、消費者の商品価値に対する知覚と価格に抱く心理を利用した2種に大別することができる。

　前者の知覚にもとづく価格には、次のようなものがある。

①知覚価格：ある商品の価格に関して消費者がどの程度を知覚するかによって設定する価格。

②慣習価格：消費者の心理に深く定着した価格。清涼飲料水など、購買頻度の高い商品にみられる。

③差別価格：市場セグメントごとに異なる需要の程度に応じて、同一商品や類似商品に付けられた異なる価格。鉄道の大人・子供料金やコンサートの席の場所別料金など。

　後者の心理に基づく価格には、次のようなものがある。

④端数価格：980円のように端数を表示して割安の印象を与える価格。

⑤名声価格：価格が商品価値を表現するもの。宝石や高級ブランド商品にみられる。

⑥価格ライン：商品が選択されやすいように価格帯ごとに設定された価格。弁
　　　　当の松竹梅など。
⑦特価品：通常よりも低く設定して関連購買を促す価格。

　3つ目の競争重視型価格は、コストを念頭におきつつも、競争企業の価格を
基準に価格を導き出すものである。①実勢価格法は、業界を牽引するプライス・
リーダーと呼ばれる企業が決定する価格が業界標準となり、プライス・フォロ
ワーと呼ばれる同業他社が追随することを余儀なくされるものである。プライ
ス・リーダーが値下げをおこなう場合は、プライス・フォロワーは追随させら
れ、規模の経済が機能するプライス・リーダーの利益率が高くなるため、苦戦
を強いられる。逆にプライス・リーダーが高価格を選択した場合には、追随す
る各社は、非価格競争をおこなう。②入札価格方法は、発注企業が提示する条
件に対して最も有利な内容を示した1社が受注する方式である。

●経路戦略
　流通経路（流通チャネル）は、自由流通チャネルと垂直的流通チャネル・シ
ステムの2つに大別される。生産と流通の社会的分業の下で自然発生的に形成
されたものが自由流通チャネルであり、主として商業によって社会的流通経路
として遂行される。垂直的流通チャネル・システムは、経済性を追究する流通
チャネルの管理者が構築した、生産から消費までを連結した合理的かつ資本集
約的な流通ネットワークである。今日では、垂直的流通チャネル・システムが
支配的であり、大規模企業の経路戦略の主要な対象領域である。このシステム
は直接販売と間接販売の2つの異なる形態を介して構成される[7]。

（1）直接販売
　大規模企業が販売を担うことで、流通経路に関して商業に一切依存すること
なく直接販売をおこなうものである。新規に販売部門を設けたり、既存の販売

7　同上書、146-148頁。

組織を吸収合併することで、大規模企業が自前の販売組織を有することが可能になる。通信販売、訪問販売、販売営業所、販売会社の設置などの形態があるが、実質的には企業の内部販売組織である。資本力によって流通経路が統合され、完全な所有とチャネル管理が達成される。

（2）間接販売

大規模企業が商業に依存しつつ系列化して利用する形態が間接販売である。商業依存を前提として市場リスクを可能な限り商業に転嫁させ、同時に商業がもつ社会的性格を否定する。このように、特定の大規模企業によって系列化された商業を介在させた流通経路をマーケティング・チャネルという。

●販売促進戦略

販売促進活動は、商品の販売増加を支援するだけでなく、顧客との良好なコミュニケーションの構築を含む。マーケティング戦略としてのコミュニケーション活動は、消費者に商品や企業の好ましい情報を提供し、商品を購買するように説得することである。また、マーケティング戦略における販売促進活動は、広告、人的販売、狭義の販売促進活動の3つの有効な組み合わせであるプロモーション・ミックスによる販売効果の極大化が重要である[8]。

（1）広告

広告には、消費者に商品やサービスなどの名称、機能、特徴を知らせる情報伝達活動の側面と、情報を受信した消費者の意識、態度、行動に変容を与える説得活動の2側面がある。広告目標はマーケティング全体の目標でもある企業の長期安定的な最大利潤の追求にある。したがって広告目標の設定には、第一にマーケティング・ミックスが考慮される必要があり、その構成要素であるプロモーション・ミックスの設計が配慮されるべきである。広告は、潜在的な購

8　同上書、164-186頁。

買者に商品や企業に対する一定の好意的な印象を与えることができるが、即座
に購買行動を起こさせるまでの効力はない。広告の具体的な目的は種類によっ
て異なる。商品広告が消費者の購買動機に訴求することを目的としているのに
対して、企業広告は消費者の愛顧を獲得することを目的としている。これは直
接的、短期的に売上高の増加を図るというよりも、企業の好ましいイメージを
消費者に印象づけて将来的な売上高の増加を期待するものである。

(2) 人的販売

　人的販売とは販売員が消費者との直接的な接触を通して、商品およびサービ
スに関する情報の伝達と購買の説得をおこなうコミュニケーション活動である。
販売促進活動の中心的な担い手である販売員には5つの役割がある。1つ目は、
既存顧客の維持に加えて、新規顧客の開拓や潜在的顧客の探索などの市場創造
の役割である。2つ目は、絶えず変化を遂げる市場環境で、消費者や競争企業
の動向を的確に調査・分析し、自社にフィードバックする役割である。3つ目
は、複雑化する商品に関するアドバイスを的確に提供する役割である。4つ目
は、商品の販売には様々なサービスが提供されるので、商品の価格、配達条件、
クレジットの条件等の正確な知識を顧客に提供する役割である。5つ目は、自
分の担当地域をあたかも1つの企業のように効率よく運営し、企業の収益に貢
献する役割である。

(3) 狭義の販売促進

　狭義の販売促進は、広告と人的販売を補完する役割を担い、その対象は、①
社内向け、②販売業者向け、③消費者や顧客向けの3つに分類できる。
　社内向け販売促進は、宣伝広告、販売、営業等の各部門の活動の内容や目的
が相互に伝達され、全社的な販売促進効果を発揮させる。具体的には各部門間
の調整活動、狭義の販売促進のあり方（新市場開拓、新チャネル開拓、販売割当達
成など）を討議する会議、販売に関するマニュアル、売上コンテストやアイデ
ア・コンテスト等の販売員の意欲と技術の向上を目的とした社内コンテスト、

企業内部関係者向けに発行される印刷物がある。

　販売業者向け販売促進は、卸売業者や小売業者の販売活動を支援することで自社への協力を促し、流通チャネル全体に自社のマーケティング戦略の浸透を図る。接客技術コンテストなどを通じて販売意欲を高めるディーラー・コンテスト、企業が取引先販売店に提供する各種援助であるディーラー・ヘルプス、販売派遣や陳列用具提供等の店頭販売助成、特定拡販努力に対する現金報酬のアローアンス、特別条件を付帯させて出荷促進を目論む条件付帯出荷がある。

　消費者や顧客向け販売促進は、関心を刺激して需要を喚起する活動であり、商品購入後のアフター・サービスが典型例である。その他、商品を試用・試食させるサンプリング、景品つき商品やクーポン割引等の消費者プレミアム、商品通常価格からの値引きや増量による実質値引き、工場見学や展示会を通じた消費者教育、企業主催のクイズ等を通じて関心度を高める消費者コンテスト、購入金額に応じたポイント・システムなどがある。

第3節　ファブレス生産とマーケティング

　ファブレス（fabless）とは、工場（fabrication facility略してfab）を保有しない（less）という意味である。工場を保有しない企業が自社で企画・開発した商品の製造を外部の生産工場に委託し、自社ブランドとして販売をおこなうビジネスモデルはファブレス生産と呼ばれる。従来からアパレル業界に存在した生産形態であるが、その対象商品が大きな広がりをみせている。

　競合他社に対して、競争優位性を創出しつつ市場で有利な地位を確保することが差別化戦略である。自社商品と他社商品との差異がない場合にマーケティングの本領が最大限に発揮される。商品間の違いが明確でなければ数多くある類似商品のひとつでしかなく、市場で埋没してしまい消費者が購買する可能性は極めて低くなる。製品差別化戦略は、競合商品との違いを強調することで、自社商品が消費者に明確に識別されるように仕向けて需要を獲得するものである。差別化は商品の品質・形態・構造等の本来的使用価値の差別化と、包装、

商標、デザイン、色彩等の副次的使用価値の差別化の2種に分類できる。

　ファブレス生産は、外部に生産を委託することによる情報漏洩リスクや品質維持の困難があるものの、生産設備の初期投資が抑えられ、目まぐるしく変化を遂げる流動的な市場に柔軟に対応できることが魅力だ。また、限られた経営資源をマーケティング活動に集中させることが可能になる。競争優位を獲得するための革新的な製品開発は価値向上を推進する強力な手段である。生産委託先と良好な関係性を構築すれば、ブランド力の強化を図ることも可能である[9]。

9　松井温文「生産方式」（宮坂純一・水野清文編著『現代経営学』五絃舎所収）2017年、43-44頁。

第11章　財務管理

第1節　財務管理の意義と本章の構成

1．財務機能の区分

　財務管理における財務機能は、「資本予算」、「資本構成」および「運転資本管理」に区分される。資本予算とは、企業の長期投資を設定・管理する一連のプロセスをいう。資本予算に関する意思決定は、一般にトップマネジメントの役割とされており、経営戦略、経営組織など、複数の要因と大きく関わっている。改めて他章を参考にしてもらいたい。

　本章では、一般的な株式会社を前提とし、資本構成と運転資本管理を中心に取り上げてみたい。また、財務管理においては、様々な資本概念が存在するため、経営学の初学者であれば、その意味や内容を留意する必要があろう。

　資本構成（財務構成ともいう。）とは、企業が長期投資のために必要とする長期資本を調達・運用する一連のプロセスをいう。具体的に、資本構成は、自己資本（第2節参照。純資産ともいう。）と他人資本（第3節参照。負債資本ともいう。）との構成比に相当する。

　運転資本管理（第4節参照）とは、企業が日常的に関与する流動資産および流動負債を管理することをいう。具体的に、運転資本管理は、企業において日々流入・流出を繰り返す現金・預金、売上債権、買入債務、棚卸資産などを管理することである。有効な運転資本管理であれば、資産を最大限に活用でき、かつ資金の調達を最小限にすることができる。なお、資金の調達をおこなう際のコストを資本コストという。

2．資金調達の区分

　企業が資金を調達する際の源泉は、「内部資金と外部資金」に区分される。内部資金とは、企業活動によって獲得・調達された資金をいう。企業活動は利益の獲得を主要目的としており、利益は収益と費用の差額である。そして、収益は資金の流入をもたらし、費用の多くは資金の流出を伴う。企業活動によって利益が得られるならば、それに相当する資金を獲得したことになる。

　一方、費用の中には、資金の流出を伴わないものもある。例えば、減価償却費や長期引当金を計上しても資金は流出しない。つまり、企業活動によってそれに相当する資金を調達したことになる。なお、内部資金による資金の調達を自己金融効果（第5節参照）という。

　外部資金とは、企業外部から調達された資金をいう。外部資金は、「直接金融と間接金融」に区分される。直接金融とは、個人や企業などの資金余剰主体に株式や債券を発行し、証券市場を介して直接的に資金を調達することをいう。間接金融とは、資金余剰主体から、銀行に代表される金融機関を経由して間接的に資金を調達することをいう。

　以上の区分に、負債で調達するか、純資産（自己資本）で調達するかを追加して分類した。本章の構成とあわせて示すと、図表11－1のようである。

図表11－1　資金調達の3区分と本章の構成

調達形態		調達手段	ＢＳ区分
外部資金	✕	企業間信用（第4節参照）	流動負債
	間接金融	短期借入金（第3節参照） 長期借入金（第3節参照）	
			固定資産
	直接金融	社　　債　（第3節参照） 増　　資　（第2節参照）	
内部資金	✕	減価償却費（第5節参照） 内部留保　（第5節参照）	純資産

出所：現代財務管理論研究会『テキスト財務管理論（第4版）』中央経済社、2014年、79頁

第2節　自己資本

1．株式の概要

　自己資本とは、返済義務のない資金調達をいう。通常、株式会社は、設立時に株式を発行して株主から資本を調達する。設立後も、必要に応じて新株を発行することにより株主から資本を調達することができる。これを増資という。

　株式とは、株式会社の所有者である株主の持分、すなわち株主の権利をいう。株式会社に対して資本を出資した不特定多数の株主は、保有する株式の内容および数に応じて平等に扱われる。一般に、株主の権利を表す有価証券としての株券は株式と同義に用いられる。

　株主の主たる権利には、利益配当請求権、残余財産分配請求権および株主総会議決権があげられる。利益配当請求権は、企業が獲得した利益の一部を配当として受け取る権利をいう。残余財産分配請求権は、企業が解散した際に残余財産がある場合、株主がその残余財産を受け取る権利をいう。株主総会議決権は、株主が会社の最高意思決定機関である株主総会に出席して議決権を行使する権利をいう。いずれの権利においても、株式の種類と持ち株数に応じて平等に扱われる。

　会社法施行後においては、権利の内容を異にする種類株式の発行が柔軟になり、企業は多様な株式の発行による資金調達が可能となった。株式の種類として、「普通株」、「優先株」および「劣後株」[水野1]に区分すると理解しやすいであろう。

　普通株とは、利益配当、残余財産分配請求および議決権に関して標準的な権利が与えられている株式をいう。一般に株式という場合には、普通株をいう。優先株とは、普通株に優先して利益配当や残余財産分配を受け取る権利が与えられた株式をいう。配当は、一般に優先株の発行時点において定められているものの、議決権のない場合が多い。劣後株とは、普通株より遅れて利益配当や残余財産分配を受け取る権利が与えられる株式である。

　近年では、新株予約権が、取締役や従業員に対するインセンティブ、資本調達、買収防止策などに活用できるようになった。

２．配当政策

　株式により資金調達した場合、一般に、利益の一部を配当として株主に支払わなければならない。配当政策とは、株式会社が株主に対して配当金として支払う特定の方針をいう。なお、これを株主資本コストという。

　税引き後の利益は、企業が経営活動の成果として獲得した残余利益であるから、基本的には株主に帰属する。しかしながら、企業は一般に企業価値の最大化を目指しており、残余利益の一部が株主に対して株式の種類と持ち株数に応じて配当として支払われ、残りが内部留保として社内に留保される。

　旧商法の時代は、配当は決算時の利益を原資とする「利益の配当」であり、年度内に通常の配当と中間配当の年２回の支払いに制限されていた。しかし、配当可能利益は決算時の利益の範囲内に限定されるわけではなく、これまでの利益の積み立てである剰余金が減少する場合もある。この点を踏まえ、会社法施行後においては、配当は「剰余金の配当」へとその性格が変更され、年度内に何度でも支払うことが可能となった。この措置に伴い、米国のように、四半期ごとの配当支払いも可能となった。

　このように、配当の支払いは剰余金を基礎になされるが、剰余金すべてが配当可能というわけではない。会社法では、旧商法と同様、債権者の保護を目的に純資産の社外流出を制限するため、剰余金の金額を基礎とした分配可能額を定めている。

　近年では、株式所有構造が、法人株主を中核とする株式相互所有から、外国人株主や投資ファンドが有力な株式所有主体へと変化している。そのなかには、アクティビスト（投資先企業の経営陣に積極的に提言をおこない、企業価値の向上を目指す投資家をいう。）といわれる株主も一部に存在しており、増益・増配を要求するケースも見受けられる。また、配当金の増加が株価上昇に繋がり、ひいては買収防衛策として有効であるとの意見もある。

これらが、企業の配当政策に多大な影響を与えることとなる。1株当たりの配当金は、増加傾向にあるようだ。

第3節　他人資本

1．借入金の概要

　他人資本（返済義務のある資金）として、まず思い浮かぶのが借入金であろう。借入金とは、銀行等の金融機関から資金を調達することであり、返済までの期間により、「短期借入金と長期借入金」に区分される。短期借入金とは、決算日の翌日から起算して1年以内に返済される借入金をいう。

　具体的に、短期借入金は、手形借入、手形割引および当座借越に分類される。手形借入とは、企業自らが約束手形を振り出し、手形に記載された金額から利息を割り引かれた資金を受け取り、支払期日には、手形に記載された金額を金融機関に支払うものである。

　手形割引とは、企業が受け取った手形を支払期日前に金融機関に買い取ってもらい、手形に記載された金額から利息等を割り引かれた資金を受け取るものである。

　当座借越とは、企業が当座預金口座を開設する際、当座借越契約を結ぶことにより当座預金残高を超える小切手の振り出しを可能とするものである。これらは、金融機関から一時的に借入をしていることになる。

　一方、長期借入金とは、決算日の翌日から起算して1年を超えて返済される借入金をいう。したがって、借り入れ先へ利息を支払い、期日には元本を返済しなければならない。

　その他の借入には、株主、役員、従業員および関係会社からの借入金があげられる。また、借入ではないものの、負債科目である、未払金、未払費用、手付金、前受金、預り金、仮受金、前受収益等については、結果として借入をおこなったのと同様の効果を有しており、一時的な運転資金として利用することが可能な資金である。

　なお、負債科目であった場合、決算日の翌日から起算して1年以内に返済義務がある負債は、短期借入金とともに流動負債に分類され、決算日の翌日から起算して1年を超えて返済義務が到来する負債は、長期借入金とともに固定負債に分類される。

2．社債の概要

　もうひとつ、他人資本の代表例として社債をあげることができる。社債とは、国債に類似した債券の一種で、企業が投資家から資金を調達し、償還期限内に一定の確定された利息を支払い、満期日に額面価額の返済を約束する有価証券をいう。社債は、株式会社だけでなく、合同会社、合資会社および合名会社も発行することができる。

　社債と借入金を比較してみたい。社債は、企業の規模や返済能力などの条件によっては銀行借入れより調達額が期待できる場合もある。しかし、社債の発行は、借入金に比べ、資金調達の決定から実際の調達までの時間を要するデメリットがあげられる。資金調達における即時性は、企業にとって重要な要素である。

　では、社債と株式の相違点は、何であろうか。株式は出資された金銭の返済は不要であり資本に分類され、社債は債権者に対して期日にその元本を返済しなくてはならない借入金であり負債に分類される。株式は基本的に利益に応じて株主に配当を支払うが、社債は利益の有無に関係なく、あらかじめ決められた利率にもとづいて計算された利息を社債権者に支払わなければならない。株主に議決権はあるが、社債権者にはない。さらに、株主は残余財産分配請求権を有するが、社債権者にはこの権利は付与されない。

　以上、まとめると、株式会社が事業を行うための資金の調達源泉として、企業の創業時には、新株発行による資金調達ができ、それ以後は、増資のような返済義務のない資金調達と、銀行借入、社債の発行といった返済義務のある資金調達に大別できる。借入や社債の発行といった場合、債権者に利息を支払わなければならない。これを有利子負債コストという。これらの調達に際して、

資本コスト、即時性などから検討されるのである。

　いずれにしても、他人資本に過度に依存した資金調達は、業績の悪化に伴う返済の遅延や支払うべき利息の延滞による倒産リスクが高まることを理解しなければならない。このため、自己資本と他人資本との構成比が資本予算の決定に大きく影響するのである。一般には、自己資本コストの方が高く、有利子負債コストの方が低いとされている。

第4節　運転資本管理

1．運転資本の概要

　運転資本管理とは、運転資本の増減あるいは維持を計画し、その調達・運用とのバランスをもとに財務流動性を確保することをいう。つまり、運転資本は、企業の経営活動にとって必須の資金であることから、その財務流動性を高める意味からも、将来の一定期間の流動資産の増減と流動負債の増減を的確に把握し、常に流入する資金が流出する資金を上回るように管理する必要がある。

　運転資本とは、設備などに投下する設備資本（長期資本ともいう。）とは区別され、企業の1年以内の経営活動に関する概念をいう。運転資本は、「総運転資本と純運転資本」とに区分される。総運転資本とは、流動資産の合計をいう。純運転資本とは、流動資産から流動負債を控除した残額（または、固定負債と資本の合計から固定資産を控除した残額。）をいう。

　流動資産に分類される科目のうち、現金は流動性が最も高く、通常、最初に表示される。受取手形と売掛金は、企業間信用として機能が同じであることから、財務管理においては、売掛債権として一括して扱われる。棚卸資産は、製品・商品、原材料、仕掛品、貯蔵品などからなり、在庫ともいわれる。つまり、現金管理、信用管理、棚卸資産管理を含めた運転資本管理が重要である。

　運転資本における、安全性と効率性はトレード・オフの関係にあり、意を配らなければならない。つまり、安全性を高めるために多額の現金、売掛債権、棚卸資産を保有すれば、その一部は余剰資産となり、結果的に効率性が低下す

る。反対に、現金、売掛債権、棚卸資産の保有を少なくして安全性を低くすれば、効率性は高くなるのである。

　これらの現金、売掛債権、棚卸資産は、日々刻々と変化するものである。したがって、企業は、情報技術や物流機能を有効に活用し、常に現金管理、信用管理、棚卸資産管理をしなければならない。

２．資金３表

　資金繰りを考えるにあたっての資金は、手許現金と当座預金、普通預金などをはじめとするいつでも現金化できる資金にその範囲を限定している。運転資本管理の実務的手法としては、資金繰り表、資金運用表および資金移動表（資金３表ともいう。）を作成する。

　資金繰り表とは、過去の資金の実績等を踏まえて、その資金が日別、通則、月別といった期間にいくら入り、いくら出て、残高がいくらであるか、あるいはいくら不足しているかを予測し、これを一覧で示すものである。

　この資金繰り表はこの場合、資金が余れば当面の問題はないものの、資金が不足していれば、必ず資金調達をしなければならない。ただし資金繰り表の欠点をあげるとすれば、あくまでも収支のタイミングをはかるものに過ぎないものである。これを補完するものが資金運用表であり、資金移動表である。資金繰り表は、資金のフローを捉えている。

　資金運用表とは、一定期間において、企業に流入した資金の源泉と、企業より流出した資金の使途を一覧にした計算書をいう。作成方法としては２期間の貸借対照表をもととして、勘定科目間の残高増減を計算し、減価償却費の計上など所要の修正を加えた上で精算表を使っておこなう。資金運用表は、資金のストックを捉えている。

　資金の源泉（調達）となるのが、貸借対照表上の貸方側である資産の減少、負債の増加、資本の増加である。また、資金の運用（使途）となるのが、貸借対照表の借方側である資産の増加、負債の減少、資本の減少である。

　資金移動表とは、２期間の貸借対照表の各勘定科目の残高の増減と当期の損

益計算書の各損益項目とを有機的に結びつけて収入と支出を捉え一覧にした資金表である。これによって一定期間内に資金がどのように調達され、運用されていくかがわかり、その結果、資金の移動状況や財政状態を明らかにすることができる。そのために資金移動表は、「経常収支」、「経常外収支（固定資産等の設備投資、特別損益、その他）」、「財務収支」の３つに区分表示し、これから資金の増減を見るのである。

第5節　自己金融効果

1．減価償却の自己金融効果

　建物、機械、備品などの有形固定資産は、使用または時の経過によって価値が減少する。そのため、価値減少額を費用として計上するとともに、その分だけ帳簿価額を減少させる必要がある。このような会計手続きを減価償却という。

　減価償却という手続きによって、有形固定資産の価値の減少分は減価償却費という費用として計上され、有形固定資産を利用することによって得られた収益に負担させられることになる。この結果、収益に対応する費用が正しく計上され、適正な期間損益計算がおこなわれることになる。減価償却は、毎期の損益計算を適正にすることを主たる目的としているのである。

　収益は企業に資金の流入をもたらす。ところが、減価償却費は支出を伴わない費用である。結果、その分だけ資金が企業内部に留まることになる。資金が企業内に流入し留まるのであるから、減価償却は資金的には、銀行借入や株式の発行などの場合と同様の効果をもっている。これを、一般に減価償却の自己金融効果あるいは自己金融作用という。

　減価償却の対象となる有形固定資産を取得した時に、いったんは資金が流出している。ところが減価償却を実施すると、減価償却費分だけ流入資金が企業内部に留まることになる。見方を変えるならば、減価償却という手続きにより、最初に流出した資金が減価償却費分だけ回収されたことになる。

　また、減価償却をおこなうと、資金が留保されそれだけ流動資産が増加し、

その分だけ有形固定資産の帳簿価額は減少することになる。固定資産が減少し流動資産が増加するので、固定資産が流動資産に転化したとみることができる。これを、固定資産の流動化という。

　ただし、純損失が発生した場合には減価償却費の全額が企業内部に資金留保されるわけではないことに注意しなければならない。

　なお、各種引当金の計上も、資金が企業内に留保される点では、減価償却費の計上と同様の効果を有している。

２．内部留保

　ここまでで注意すべきは、利益として計上された金額のすべてが企業内に留保されるわけではない。配当金は企業外部に流出するのであり、残った留保資金だけを企業は利用できる。自己金融効果をもっているのは、利益のうち留保された部分である。

　減価償却費に相当する金額が企業内部に留保される。そしてその留保資金は、必要に応じて効率的に資金を利用するために、設備投資額の支払い、借入金返済、運転資金などに充当される。したがって、例えば減価償却費については新たに有形固定資産が取得されるまで、企業内部に留保された資金が必ずしも貨幣性資産として蓄積されているわけではない。

　なお、留保される利益については、企業の利益と配当政策などに左右され、企業が機動的にコントロールできるものではないと知る必要がある。

　最後に、設備資本に触れておきたい。設備資本は、企業の生産能率を向上する（近代化投資）、あるいは製品を増産するための導入や新製品のための新規の導入（拡大投資）、旧設備の老朽化に対処するための取替え（取替投資）といった投資されたものであり、その資金回収が長期にわたることから、資金面から見るとその固定化は避けられない。通常、設備資本管理は、３年から５年の長期間にわたって計画される。

　したがって、設備資本にあてた資金は、その回収が長期にわたるため、どのような資金でもよいというわけではない。理想的には、内部資金をその設備資

本にあてることになるが、外部資金に頼る場合にあっても、できる限り長期の
資金が求められる。

参考文献

現代財務管理論研究会『テキスト財務管理論（第4版）』中央経済社、2014年。
中垣昇『財務管理論の基礎（第7版）』創成社、2008年。
中垣昇『経営財務の基礎理論』税務経理協会、2007年。

第12章　イノベーション

第1節　大量生産の原理的矛盾

　大量生産はより多くの消費者に製品を供給するシステムであるが、マーケティングの一部の歪んだ見解にあって、消費者ニーズの多様性を無視した単純に利益拡大の手段であるとの強い批判がある。多様な消費者ニーズに適合するよう、市場を小さなものと認識し、そこに適合する製品を市場に導入することによって、消費者の満足度を高めることが重要であるという主張、消費者志向の、消費者起点のマーケティングと呼ばれるものであるが、それらは大量生産の歴史における本質的意義を捉えていない結果である。

　大量生産は原材料の大量仕入れによる原価の引き下げを、さらに、生産活動の増加による学習効果により製品の品質向上に結びつく。高品質であるにも関わらず相対的に低価格な製品が生産され、経済合理性に合致した消費者ニーズを満たすことになる。それだけでなく豊富な生産活動の過程において、技術革新や新製品の開発が可能となる経験と資金を与えられる。そのような効用を得られる資本規模の大きな製造企業の製品は、中小零細規模の製造企業に対する同質な製品に対して、絶対的な競争優位性を確保する。産業革命以降、資本規模の大きな製造企業はますますその規模を拡大するのに反して、多くの中小零細製造企業は駆逐した。

　大量生産された製品は消費者が購入する消費財であれば全国の小売店舗で販売される。全国的に知名度の高い製品をナショナル・ブランド製品と呼ぶ。繰り返すが、ナショナル・ブランド製品は消費者が日常的に多くの小売店舗、それも競合する小売店舗でも同じ製品が見られる。まったく同一の製品であるた

め、小売店舗管理者は消費者への訴求力を価格に求めるようになる。消費者は
経済合理性に従い、低価格な製品を積極的に購入しようとするからである。必
然的に競合する小売店舗間での低価格競争を招く。消費者との接点におけるそ
の影響が時間の経過に伴い、製造企業に対する出荷価格の値引きの要請につな
がる。製造企業側も購入量の多い卸売企業に対して、製品販売時の価格を引き
下げる。それによって失われた利益を補うため、生産量をさらに増加させ、全
体としての利益の拡大を続けようとする。それは当然更なる低価格競争を誘発
するという矛盾が生じる。

第2節　イノベーションと価値創造

　根井雅弘はJoseph Schumpeterが「偉大な経済理論家」と呼ばれることを
切望したが、「制度派経済学者」「経済社会学者」との評価がなされただけでな
く、不発に終わる政治家や多額の借金を背負うことになる銀行頭取の経験、個
性的な性格が災いした十分ではない研究環境にありながらも精力的な研究をお
こなったことを高く評価した。根井も指摘するように、用語だけが一人歩きを
しないよう、文脈に注意を払って彼の提唱するイノベーションを紹介する[1]。
　イノベーションによる経済発展は厳密な意味をもつ。経済発展と広く認識さ
れる現象であったとしても、外部要因によって引き起こされた変化ではなく、
経済がその内部から生じる変化であることを条件とする。またその現象は経済
理論の原理的な説明が困難なものである。市場での取引が経済を形成するため
の土台となる欲求・欲望について、欲望の充足は生産活動の基本であり、その
視点から経済状態が分析されるものではあるが、経済におけるイノベーション
は消費者の欲望が自発的に生起し、それを受けた形で生産活動がなされるもの
ではなく、生産者側が消費者に新しい欲望の存在を教育することによって、す
なわち、生産者側が主導権を握った形での欲望の充足がなされる。

1　根井雅弘『シュンペーター―企業家精神・新結合・想像的破壊とは何か―』講談社、2001年。

　生産活動は多様なモノや力を結合させる活動であり、特にイノベーションは新結合が非連続的に現れる。経済の発展は新結合がなされた結果であり、以下の5つの場合がある。

　1、新しい財貨、すなわち消費者の間でまだ知られていない財貨、あるいは新しい品質の財貨の生産。

　2、新しい生産方法、すなわち当該産業部門において実際上未知な生産方法の導入。これは決して科学的に新しい発見にもとづく必要はなく、また商品の商業的取扱いに関する新しい方法も含んでいる。

　3、新しい販路の開拓、すなわち当該国の当該産業部門が従来参加していなかった市場の開拓。ただしこの市場が既存のものであるかどうかは問わない。

　4、原料あるいは半製品の新しい供給源の獲得。この場合においても、この供給源が既存のものであるか —— 単に見逃されていたのか、その獲得が不可能とみなされていたのかを問わず —— あるいは始めてつくり出されねばならないかは問わない。

　5、新しい組織の実現、すなわち独占的地位（例えばトラスト化による）の形成あるいは独占の打破[2]。

　彼が主張するイノベーションは経済活動に広く影響を及ぼすだけでなく、新たな価値を創造する。既存の市場を縮小または消滅させることはあるが、それが製品に深く関係するイノベーションであるような場合、大量生産された既存の製品群は低価格競争に巻き込まれ、利益率は低下していた可能性がある。そのような市場にイノベーションによって価値が増殖された製品が導入されたならば、製品の流通過程全体に利益を広く分配することになる。新たなる雇用の創出または給与の上昇を引き起こす可能性がある。イノベーションは個々の企業レベルではなく、マクロ的視点で捉えることが重要である。

　市場競争の激化に対して、低価格競争だけで対応すれば、漸次的に財務体質

2　J. A. Schumpeter, *Theorie der Wirtschaftlichen Entwicklung*, 2. Aufl., 1926.（塩野谷祐一・中山伊知郎・東畑精一訳『シュムペーター　経済発展の理論（上）』岩波文庫、1977年）、174〜185頁。

を悪化させる。低価格競争によって失われた利益を補うため、市場の拡大をますます推進するようになる。製品の特徴を細分化し、多様な消費者ニーズに適合するよう製品の幅を広げようとする。製品の種類の増加に伴う製造原価や流通費用の増加もあり、利益の拡大がなされたとしても、それに伴う管理の労働も増加する。イノベーションはそのような煩わしさから解放される起爆剤である。

　歴史をさかのぼれば、大量生産システムもイノベーションであった。生産システムの飛躍的な発展による大量生産の枠組みにおける多品種少量生産も可能となった。研究開発における近年のLEDの発明は私たちの日常生活に広く関わっている。生産活動に不可欠な物流において、ヤマト運輸が開発した宅配システムはインターネット取引の拡大を図る土台を形成した。

第3節　経営戦略の変質

　経営戦略の変質をマーケティングとの関係から理解しよう。過去に遡れば、基本的に経営学は組織内部を、マーケティングは流通を軸に組織外部を分析した。この点を強調して、経営学とマーケティングを学問的に区別する立場もあるが、経営学の中にマーケティングを位置づける立場もある。ただし、日本における著名な研究者の多くはマーケティングを経済学の特殊領域に位置づける立場に賛同した。

　本節ではマーケティングを経営学の一部であると認識する立場からふたつの関係を捉える。経営戦略は経営活動を遂行する上で、企業の方向性を決定する戦略であるといえよう。その下位にあって、例えば、人的資源管理では労働者の勤労意欲を高めるための方策が、生産管理では生産性向上のための検討がなされる。製造企業であれば、生産活動は必須であり、最も重要なものである。また、生産活動は当然に従業員を必要不可欠とする。それらは経営学の分析対象となる。それに対して、マーケティングは従業員の活動と生産活動は基本的に捨象される。もう少し丁寧に説明すれば、それらの活動はマーケティングを

遂行するうえで適切になされることを前提としていると理解すべきである。逆に、経営学では諸活動が最適になされたならば、その成果は得られるはずだという前提がある。このような相違に注目すれば、マーケティングと経営学は経営活動を異なる視点から分析し、体系化を試みた研究領域であり、相互補完的な関係にあるとも理解される。

　市場競争が激化する今日、経営戦略における両者の絶対的関係と相対的関係における変化がみられるようになった。本節に関係する背景からみていこう。イノベーションによる技術革新の効用は寡占的製造企業に与えられたが、技術革新そのものの進化によって、中小製造企業も恩恵を受けるようになり、それらの企業も市場に参入するようになった。また、ある特定領域にあった企業が関連する領域にまで市場を拡大するようになり、すなわち、他産業からの新規参入もみられるようになった。市場のグローバル化により他国からの製品の市場への導入もなされるようになった。

　製品間の競争の激化は必然的に低価格競争を引き起こす。製造原価を引き下げるだけでは対応が困難になり、生産活動に近い製品の運搬について、製造企業が製品そのものを管理する物流から製品の移動に係わる多様な活動やシステムを管理するロジスティックスへ、そして、製造企業起点ではなく、あくまでも消費者視点による製品の移動に関する全体最適化を測ろうとするサプライチェーン・マネジメントへとその内容が変化した。また、製造企業間における低価格競争の原因は小売店舗間での競争であり、卸売企業も含めた流通過程での費用の削減も図られるようになる。

　日本における従来の取引関係は長期的な信頼関係にもとづいていた。それが近年の低価格競争の激化を受け、過去からの関係よりも経済的に合理的な取引を優先するようになった。それは全く初めてであったとしても、取引の実現可能性があるため、取引関係先数が増加し、そのための管理活動も増加する。

　特に、私たちの国にあって、企業存続の必須要件としての利益の確保は市場競争の激化を受け、安定的な産業構造・取引構造を過去と比較して大きく変質している。製品が売れなく、物価が下落するデフレーション経済のもと、本来

は利益の拡大を図るためのコスト削減であったものが、低価格競争が基本的競争手段になる企業は生き残るために、それは消極的な意味における継続的なコスト削減を図らなくてはならない現実に直面している。そのようなコスト削減は企業組織内部での対応は困難であり、外部組織との関係をますます強め、多様化し、複雑化している。それゆえ、経営戦略におけるマーケティングの重要性を相対的に高めている。

このような方向性とは別に、新しい市場の開拓による収益の確保も図られている。新規市場の開拓にはふたつの全く異なる性質がみられる。そのひとつは経済学的にも認められる従来にはみられなかった全く新しい市場の開拓であり、そのような製品はまさにイノベーションによって創造されたものである。その製品がある既存製品市場を完全に奪う可能性があるため、経済全体の拡大に貢献するのかどうかの判断は簡単ではないが、競争上の絶対的優位性を有する製品はそのもの自体の価値が消費者を魅了し、販売の実現が容易になる。消費者の潜在的ニーズを汲み取り、製品化する能力がその成果を大きく左右する。

もうひとつは既存市場に新規参入するという選択肢である。その際の具体的・個別的方法は市場の状況や製品そのものの特性によって大きく異なるが、既存製品の市場での位置づけであるコンセプトを変更したり、市場に存在する既存製品の模倣をしたり、まさに製品の差別化を図ろうとする積極的なマーケティング活動が遂行される。他社製品との競争に勝つため、相応に多くの資金が投入される。

新規市場の開拓、既存市場への参入のどちらであろうとも、それまで遂行されていたマーケティングに大きな変化をもたらし、それに伴い人材の配置転換や組織構造の変化を生じさせる可能性が生じる。市場の激化に伴い、過去にみられなかった企業を取り巻く環境の変化は大きく、外部企業との関係性にも大きな変革が求められるようになった。それは必然的に経営戦略の絶対的重要性を高めるだけでなく、その構成要素であるマーケティングの相対的重要性も高めている。過度な表現になるかもしれないが、経営戦略の方向性を決定する際、マーケティングの方向性の決定がそれを大きく規定する傾向が強まっていると

も理解される。

第4節　イノベーションによる管理の強化と市場環境の変化

　イノベーションはその業界だけでなく、その効果・影響はマクロ的規模に至ることもしばしばである。いくつかの例を取り上げる。

　1つ目は製造企業によって価格管理・調整される場合である。テレビの例をあげれば、大画面や発光素材に有機物を使用し自発光させる有機ELは膨大な初期開発費用が投入された市場競争力の高い製品である。そのような製品は早期にその費用を回収するため上層価格戦略が採用される。導入当初、高価格設定をおこない、新商品を積極的に購入するイノベーターと呼ばれる消費者に購入させる。販売状況を確認しながら価格を漸次的に引き下げ、最後には適正な価格によって広く消費者を取り込もうとする価格戦略がなされる。競合商品が登場するまでの間に規模の経済と学習効果を効率よく活用し、市場占有率を高く維持することでブランド力を高め、利益と市場競争力を高める効率的な戦略である。

　2つ目は価格だけでなく製品の流通過程の末端にまで管理対象を広げる場合である。マッキントッシュのパソコンや携帯電話は価格が維持されているだけでなく、修理サービスの受付をする流通業者を限定している。本来であれば市場の隅々まで製品を行きわたらせるためにはより多くの流通業者に販売を任せるほうが製品単位当たりの流通費用は低下する。しかし、それは先述したように低価格競争に巻き込まれる危険性を伴う。流通費用は高くなろうとも、流通過程全体を管理することでマーケティング戦略を末端まで浸透させることができる。特に、製品の説明をする接客従業員の対応の水準が高くなる。

　3つ目は製品の効用が経済全体に影響を及ぼす場合である。LEDの製品は購入価格が高くとも、使用に関わる全体的費用を大きく引き下げるため、ほとんどの消費者にとってその効用は高く、既存製品は時間の経過に伴い市場から排除される。それは絶対的優位性をもった製品であるといえよう。

　4つ目は企業を取り巻く環境要因の変化である。インターネットの開発・発展は従来の取引に関わる時間と費用を極端に削減する機能を促進させる。立地産業といわれる小売業は商圏が限られたものであったが、インターネットは国内だけでなく海外にも市場を拡大する素晴らしい手段となった。わが国の取引慣行は長期間の取引によって構築された関係性重視型から品質と価格から合理的に決定される経済合理性型に移行する企業も多くなり、インターネットは過去の取引の有無に関係なく、販売の機会を増加させている。価格ドットコムは来店することなくインターネットで製品の購買が可能となった社会において、同一製品をより低価格で購入するための選択肢を与える革新的な会社であり、その登場の基礎をインターネットが与えた。

　ヤマト運輸は宅配市場でのシステムにおけるイノベーションをおこなった。個人宅まで荷物を送り届けるシステムは当初競合他社からは倒産するのではないかと思われていたほど斬新であった。この宅配システムはインターネットでの多様な取引を実現可能なものにし、市場の飛躍的拡大の土台となった。

第13章　企業の社会的責任

第1節　CSRの生成

　1990年代後半以降急速に知られるようになった言葉の1つに企業の社会的責任（Corporate Social Responsibility：CSR）がある。企業には経済的責任以外に社会的責任があり、企業は社会から責任を問われる、と。現在では、CSRを求める社会の要請にこたえて、自社のウェブでCSRに関する基本姿勢を掲げるだけでなく、実際にCSRの実現に積極的に取り組む企業が増えている。

　企業の社会的責任が広く注目を集めるという現象は今日がはじめてではなく、1960-70年代にも企業の反社会的行為が糾弾され経営者の社会的責任が問われたことがあった。その契機となったのは、公害、欠陥商品、事故・災害（企業の「三悪」）である。アメリカでは、企業に社会的責任をもたせる運動が展開され消費者運動と連動し、市民のなかに大きな反響を呼び起こした。4人の若い法律家が1969年に立ち上げた「企業に責任をもたせるプロジェクト」がその始まりである。これは大企業の社会的責任を問いかける運動であった。彼らがGMを最初の攻撃目標にしたために、この運動は「キャンペーンGM」として広く知られている。彼らは、公害・環境保全・人権等の社会問題に対して責任を果たすように経営者を追及するために、12株購入してGMの株主となり、株主総会に出席し株主提案をおこなった。

　キャンペーンGMは総会において賛成票を十分に集めることはできなかったが、GMの経営者に社会的責任を認識させ衝撃を与えたという点では、まさしく「画期」であった。そしてこれは水俣病などの公害が顕在化した日本にも波及し、日本でも企業の社会的責任が問われ社会的問題になった。しかし、それ

はあくまでも経営者の「啓発された利己心」に訴えたものであったために、い
つの間にか企業に対する罰則規定の制度化へと矮小化され、罰金を払えば責任
が免除されるという理解が広がり、企業に社会的責任を問うという考え方が風
化してしまった。またメセナ（文化支援活動）やフィランソロピー（慈善活動）
が活発化したが、その動きは不景気になると下火になってしまった。最初の
CSRは日本ではブームとして終わったのである。

　しかし、1990年代になると企業を巡る環境が大きく変わり再び企業に社会的
責任を問う動きが活発化していった。この背景には、企業不祥事の頻発だけで
はなく地球環境問題の深刻化および持続可能な社会の発展を求める国際的な運
動の展開がある。アメリカを例にあげると、「ビジネスは道徳と無関係である」
という１つの固定観念（「ビジネスの没道徳性神話」）が長い間存在していたが、
この神話が崩壊し、多くの企業で倫理綱領（128ページ参照）が制定され、企業
内で倫理が制度化されるようになった。そして、1991年に「連邦量刑ガイドラ
イン」（1987年成立）が改正され、新たに「組織の量刑」を明記した章がつけ加
えられ、企業の不正に関わる罰金が企業倫理遵守の取組みの程度によって軽減
される規定が盛り込まれた。倫理綱領を作成し倫理の内部制度化を推進してい
る企業の場合には、もし不祥事が生じたとしても、それは「組織ぐるみの犯行
ではない」と判断されて、減刑される途が開けたのである。ここには、企業活
動に対して、経営者個人ではなく、企業自体が責任を問われる、という発想が
ある。

　企業を見る眼の変貌は決してアメリカだけではなく、現在ではすべての市場
経済社会に多かれ少なかれみられる現象である。企業は利潤の追求を社会的使
命とするだけではなくそのことが正当化されているが、その企業が社会から
「儲け方」を厳しく問われ、私たちは、今、あなたの企業はどのようにして利
潤を追求していますか、利害関係者の利益を不当に無視するような形で金儲け
に励んでいませんか、と問うことができる時代を生きている。

第 2 節　CSRの考え方

　企業の社会的責任を意味する専門用語は 1 つではなく、図表13− 1 のように、時代と共に概念が進化してきたし、さらには類似概念が普及してきた。それらは、一般的には、CSRとして理解されている。例えば、CSRの流れがCorporate Social Responsibility（CS[1]）→ Corporate Social Responsiveness（CSR[2]）→Corporate Social Rectitude（CSR[3]）等、そして経営社会政策過程として把握されたり、社会的業績を強調するCorporate Social Performance（CSP）が提起されたり、新しい視点からステイクホルダー・マネジメントや企業市民、サステナビリティ経営が提唱されている。

図表13− 1　CSR概念の進化

　オルタナティブな　　　　サステイナビリティ経営
　　　テーマ　　　　　　　　　　企業市民
　　　　　　　　　　ステイクホルダー・マネジメント

企業の社会的業績（CSP）

経営社会政策過程

企業の社会的応答性（CSR[2]）

企業の社会的責任（CSR[1]）

1950	1960	1970	1980	1990	2000	2010

出所：宮坂純一『なぜ企業に倫理を問えるのか』萌書房、2018年、201頁加筆

　このような流れのなかでCSRは 3 つの段階を経てその意味・内容を豊かなものにして現在に至っている。

(1) CSRのピラミッド型解釈

　CSRのピラミッド型解釈はキャロル（Carroll,A.B.）によって提示されたモデルである。CSRには 4 つの側面があり、しかも経済的責任が基底に据えら

126

れその上に法的責任、道徳的責任、裁量的責任が積み上げられている（図表13−
2）。

経済的責任は「利益を上げること」である。これが他の責任のベースであり、社会が企業に要求する責任である。法的責任は「法律に従うこと」であり、社会から法律の遵守を要求される。道徳的責任は「道徳的であること」、正しく、公平で、正義をおこなうことであり、社会から期待される責任である。裁量的責任は「良き企業市民」として行動することであり、社会にとって望ましい期待される責任である。裁量的の原語はphilanthropicであり、メセナやフィランソロピーなどの社会貢献活動を意味している。

図表13−2　CSRピラミッド

出所：Carroll,A.& Buchholz,A., *Business & Society*, South-Western, 2008, p.45

このモデルはCSRのイメージを把握するためには便利であるが、社会的責任の具体的な内容を識別するには限界がある。例えば、企業に経済性だけでなく社会性も求めるという流れがあり、「社会的＝非経済的」という理解が一般化しているのに、このモデルでは経済的責任も社会的責任に含まれており、矛盾していないのか？　道徳的責任と裁量的責任を峻別する明確な基準があるのか？など、社会的責任の具体的内容が曖昧である。

(2) ステイクホルダーの権利への注目

社会的責任の具体的な内容はステイクホルダー概念が広く認知されるにつれて明確になっていった。ステイクホルダーは、株主（ストックホルダー）だけが利害関係者ではないことを強調するために使われ出した、「当該企業の活動の成功ないしは失敗によって影響を受けたり影響を与えることができる個人及び組織」を意味する言葉である。ステイクホルダーは多彩であるが、基本的な

ステイクホルダーは、株主、従業員、消費者、競争相手、サプライヤー、地域社会、自然である。

　現代企業は「ステイクホルダーズの利害が調整される場」であり、ステイクホルダーズの権利が尊重されて「経営者という見える手」で経営がおこなわれている。これがCSR経営であり、この場合、「社会的」責任は「社会に対する」責任として捉えられている。具体的には、社会がステイクホルダーに還元され（社会が擬人化され）、「社会に対する」責任が実践的にはステイクホルダーに対する責任である、と理解されている。

　ステイクホルダーに対する責任の内容については、国際的なひな形が存在し広く受け入れられている。それは1994年に「コー円卓会議」で採択された「企業の行動方針」である。そこでは、共生と人間の尊厳を指導原理として「ステイクホルダーズ原則」が公式化され、ステイクホルダーごとに、下記のような企業責任が明示されている（コー円卓会議（http://www.cauxroundtable.org/の資料参照）。それらはステイクホルダーの権利（法的な権利及び法的に裏付けられていない権利）を尊重し遵守することが企業の責任であること示している。

消費者に対する責任：高品質の商品やサービスの提供、公正な対応、消費者の健康・安全、人間の尊厳を侵さないこと、文化や生活様式の保全・尊重

従業員に対する責任：仕事と報酬の提供、健康と品格を保つ職場環境の提供、情報の開示・共有、適切な苦情処理、誠実な交渉、宗教・性別・出自・人種・肌の色等々で差別しないこと、処遇及び機会均等の保証、障害者雇用、従業員を傷害や病気から守ること、技能習得の奨励・支援、失業問題への配慮

オーナー・投資家に対する責任：公正で魅力ある利益の還元、情報開示、資産価値の保持・保護・拡大、株主提案の尊重

サプライヤーに対する責任：公正で正直な対応、正常な企業活動の保証、安定的関係の樹立および信頼関係の維持、情報の共有、取引条件の遵守、人道的雇用政策を実践しているサプライヤーの開拓・奨励・優先的取引

競争相手に対する責任：市場の開放、フェアな競争を介した相互信頼の樹立、不当な金銭及び便宜を求めないこと、有形財産に関する権利及び知的所有権

の尊重、非倫理的手段で取引情報を入手しないこと

<mark>地域社会に対する責任</mark>：人権並びに民主的活動をおこなう団体の支援、人間形成の推進をめざす公的政策・活動の支援、地域福利水準の向上をめざす地域社会の諸団体との協力体制の確立、持続可能な開発の促進・奨励、自然環境と地球資源の保全、地域文化や生活様式の保全、よき企業市民となること。

　そして、現在では、多くの企業において、「コー円卓会議：企業の行動方針」をモデルとして、当該企業の使命や価値観を文章化し企業としての意思決定に指針を提供するために「倫理綱領」「行動規範」が制定され（ウエブ公開され）ている。その資料には、当該企業にとって重要なステイクホルダーが選び出され、そのステイクホルダーの権利が明確に文章化されている。そのような権利を護って経営をおこなうことがその企業の社会に対する責任（企業の社会的責任）であり、コンプライアンス（社会規範の遵守）である。コンプライアンスは単に法令だけを遵守することを意味するものではない。

(3) 企業の社会契約の更新

　社会的責任のピラミッド的解釈にステイクホルダー的発想が加わるに伴って、企業と社会の暗黙の了解事項が確実に変化したという認識が拡がっていった。企業と社会の間の契約（企業社会契約）が更新されたのである（図表13－3（筆者作成））。これは、投資家の評価基準が、経済性だけを重視したものから、経済的、社会的そして環境的側面という3つの視点からの企業活動評価（トリプルボトムライン）に転換したことの反映でもあり、サステナビリティ経営はこのような市民の眼を意識しておこなわれている。新しい契約に則って企業活動を展開しているのが「企業市民」である。

　新しい契約に記載された「本来であれば社会全体の立場から解決すべき事柄への誠実な対応」の内容が明示されているのが倫理綱領である。その内容には、ステイクホルダーの順位付けの違いなどを含めて個別企業毎に相違がみられる。相違があるのが当然であり、その違いがその会社の個性を示している。ちなみに、企業は社会に同一のことを求めている。

図表13-3　企業社会契約の交代

旧い契約

企業が社会に要求すること
法律の下で、1つの主体として認めること。土地等の生産手段の所有及び従業員の雇用
社会が企業に要求すること
企業本来の機能の遂行（財・サービス、職及び配当等の提供）

新しい契約

企業が社会に要求すること
法律の下で、1つの主体として認めること 土地等の生産手段の所有及び従業員の雇用
社会が企業に要求すること
企業本来の機能の遂行　＋　本来であれば社会全体の立場から解決すべき事柄（環境汚染の防止、差別の撤廃等）への誠実な対応

第3節　CSR経営の実際

　企業には多くのステイクホルダーが存在しているが、株主は企業活動の元手（資金）を提供しているという意味で、従業員は外部のステイクホルダーに対して会社を代表して対峙するという意味で、特殊な存在であり、株主総会や従業員代表を通して自分たちの権利を主張している。近年では、株主総会に積極的に参加し発言する株主が目立つようになり、株主行動主義といわれている。

　しかしながら発言しているのは株主だけではなく、他のステイクホルダーも当事者としての自覚を高め、ステイクホルダー行動主義と称せられる現象（例えば、消費者行動主義、地域社会行動主義など）が生まれている。このような動きに対する企業のCSR的対応が「ステイクホルダー・ダイアログ（ステイクホルダーとの対話）」であり、それは制度化され（例えば、定期的に代表者との話し合いの場が設けられ）、自社のウエブでその実施内容が報告されている。本書では「消費者との対話」と「環境との対話」を取り上げる。

1．消費者との対話

　企業に対する消費者の要求は多くの国で「消費者の権利」として語られ、そ

のいくつかはすでに法的に保護されている。例えば、日本では「消費者基本法」のなかで、1）安全が確保される権利、2）合理的な選択ができる権利、3）必要な情報を知る権利、4）消費者教育を受けられる権利、5）意見が消費者政策に反映される権利、6）被害の救済が受けられる権利が明記されている。

　製造物責任法（通称PL法）の制定はその法的な裏付けの一例である。これは企業に厳格責任（無過失責任）を問うものであり、消費者は、ある製品で事故にあった場合、企業の過失を証明しなくとも、その製品の欠陥を証明すれば損害賠償を受け取ることができる。この法律の制定によって無責任な製品が商品化されることに対する「歯止め」が生まれ、安全な商品が市場に供給される途が開けたのである。

　しかし現実には、企業と消費者間に多くのトラブルが発生している。そのために、PL法の施行にあわせて、消費者の抱えるトラブルを迅速にまた柔軟に解決・処理することを目的として、裁判外紛争処理機関（ADR）の整備されている。ADRとは alternative dispute resolution（代替的紛争解決）の略であり、裁判外の紛争解決手段のことである。このADRにはいくつかの種類があり、その内容に応じて、1）（相談を受け、必要に応じて話し合いを仲介する）「相談・あっせん型」、2）（事案に積極的に介入し調停案の提示も行う）「調停型」、3）（両当事者の合意にもとづき仲裁人が判断し、その判断が拘束力をもつ）「仲裁型」に分かれる。また運営機関に注目すると、裁判所の民事調停・家事調停という「司法型ADR」、行政機関が運営する「行政型ADR」、「民間型ADR」に分類される。日本のADRの圧倒的多数は「相談・あっせん型」である。国民生活センターや消費生活センター（行政型）そしてPLセンター（民間型）がその代表的な存在であるが、企業により一層の情報公開が求められている。

　安全の権利を含めた消費者の権利に対応する形で、企業では、消費者の苦情を受け付ける「窓口」がおかれている。サポートセンターにとどまることなくクレームに対応する苦情処理専門部署を設置することや取引内容に応じて無条件で契約を解除できる手続き（クーリング・オフ）の制度化はそのような具体例であるが、最も重要な措置は消費者の安全を担保する「危険な商品が市場に

出回った場合に実施される「リコール」（製品の無償回収）であり、これによって消費者の安全が担保される仕組みがつくり出されている。製品に添付されているマニュアル（取扱説明書）に記載されている「警告のマーク」にも企業のリスクマネジメントの姿勢がよく表れている。また企業は消費者の知る権利に応えて「食品表示法」に従い商品のパッケージに成分表示を記載したり、「日本広告審査機構」（JARO）とのコラボで誇大広告等を自主規制している。

２．自然との対話

　自然はサイレント・ステイクホルダーといわれているが、その地球が怒っている（発言している）。異常気象は毎年繰り返されるというよりも徐々にエスカレートしているというのが大方の実感であろう。私たちが認識している以上に、大気や河川・湖沼、土壌などがもっている自然の浄化能力を遙かに超えて地球規模で汚染が進んでいる。

　環境問題として議論されている領域は多岐にわたっている。１つの例として、地球温暖化を取り上げる（図表13−４参照）。地球は太陽光線を受けて暖められているが、その暖められた熱（赤外線）を宇宙空間に放出している。ただし赤外線がすべて宇宙空間に拡散するわけではなく、地球を覆っているガスが放出された赤外線を吸収し再び地球に向けて放出している。このようなメカニズムで、熱が温室のように閉じ込められ、地球の大気の温度はこれまで（15度で）安定してきた。このガスは、二酸化炭素、メタン、窒素酸化物、フロンなどの総称であり、温室効果ガスと呼ばれている。ちなみに、温室効果ガスがなければ地球の表面温度は氷点下18度になっていたと考えられている。しかし温室効果ガスの濃度が高まると温室効果が効き過ぎて大気の温度が上昇する。これが地球の温暖化であり、この現象が海面の上昇などの深刻な環境問題を引き起こしている。問題は、二酸化炭素とメタンが人間の経済活動の活性化の産物であり、近年では増加傾向を示していることにある。

図表13－4　地球温暖化のメカニズム

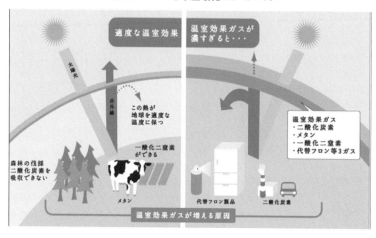

出所：http://www.meti.go.jp/policy/chemical_management/ozone/elearning/
instruction /1/8.html

　企業は環境問題を生み出してきた単なる１つの要因ではない。環境問題の多くが企業活動との関連で論じられてきたし現在でもその傾向が続いているのにはそれなりの理由がある。第１に、消費は美徳であるとのスローガンのもとであるいはGNP至上主義的発想のもとで，多量の製品（商品）が企業によって生み出されてきたという「現実」。20世紀は「大量生産・大量消費の時代」であった。第２に、これは自由企業体制そのものの性格に由来する事柄であるが、企業はタダである水や大気をビジネス的に利用しその結果を外部化し（⇒汚染）、それが結局は環境破壊につながってしまったのである。

　企業もこのような状況に対応してきた。環境マネジメントの展開であり、国際的な環境基準（ISO14001）を取得するあるいはエコ商品を開発する。さらには環境保全関連の企業ボランティアなど企業独自の取り組みがおこなわれている。しかし、対応が環境破壊の現実に追いついていないのが現状である。

　地球を宇宙船になぞらえた「宇宙船地球号」という考え方がある。地球は直径8000マイルの宇宙船である　→　この宇宙船地球にはいくつかの特徴がある

→ 宇宙船と地球の共通点として、相対的に閉じたシステムであること、有限であること、独自な内的維持システムをもっていることをあげることができる → 同時に、相違点として、宇宙船には戻る基地があるのに地球にはそのような基地がないこと、人間は宇宙船の創造主になれるが地球の創造主にはなれないことを指摘できる → 最大の難問は、地球という宇宙船には取扱説明書がついていないという厳粛な事実である、と。現在の環境問題は搭載されたエネルギー交換構造を誤用し汚染し続けてきた結果である。しかもその状況は宇宙船内で生命を再生させることがますます困難となるまでに及んでいる。しかし宇宙船地球号がスムーズに飛び続けるためにどうしたらいいのかを知っている者は誰もいない。宇宙船地球号に乗員として乗り込んでいるすべての人間が今この現実に直面しているのに、その事実を知ろうとしていないのである。

　環境問題は、企業を一方的に責め立てて解決するものではない。というのは、企業生産活動の背後には消費者の欲望が存在するからである。環境問題は消費行動と連動しているのだ。消費者が現在の消費スタイルを見直さない限り、環境問題は解決されないであろう。その意味でも、消費者の責任が問われ、消費者教育が喫緊の課題として浮上している。

第4節　社会的存在としての企業

　企業には2つの側面がある（図表13-5（筆者作成））。企業は人間によって創り出された装置であり、利益を上げなければその存在意義がなくなるが、同時に社会に受け入れなければ存続することができない、という存在である。後者の側面が社会的存在である。企業はその活動を通して社会に受け入れなければ存続できない存在なのであり、その社会の価値や規範を受け入れて事業活動を展開することが前提条件になっている。これは企業の社会化（社会規範の受容）といわれている。

　企業の目的は利潤追求ですので頑張ってできるだけ多く儲けて下さい、しかしルールには従ってもらいますからね、というわけである。儲け方が重要なの

であり、現代企業が今、問われているのはその儲け方である。

　企業の社会的存在としての側面は当たり前のものであり何事もなければ潜在化し多くの人が気づかない、という代物である。企業の社会的責任が重要視される背景には企業活動の前提にある「社会のルール」が大きく変容し責任の取り方（儲け方のルール）が変わってきたという現実がある。私たちは大変動の時代を生きている。

図表13－5　企業の2つの側面

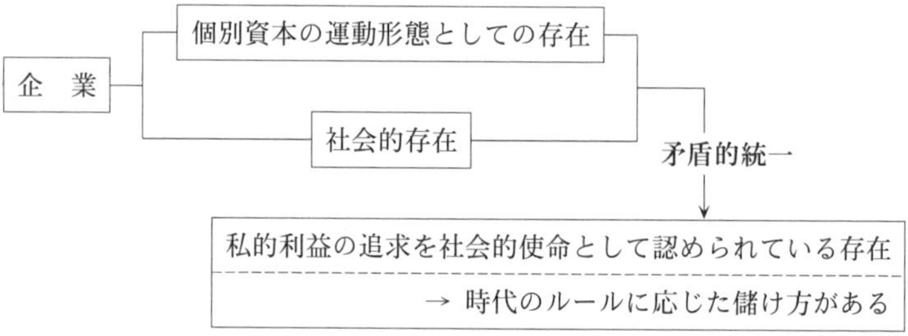

参考文献

谷本寛治編『CSR経営』中央経済社、2004年。

松野弘他『「企業の社会的責任論」の形成と展開』ミネルヴァ書房、2006年。

宮坂純一『ステイクホルダー行動主義と企業社会』晃洋書房、2005年。

フラー著／芹沢高志訳『宇宙船地球号操縦マニュアル』ちくま書房、2000年。

ヤング著／経済人コー円卓会議日本委員会＋原不二子訳『CSR経営』生産性出版、2005年。

著者紹介（執筆順、＊は編者）

中垣 昇（なかがき　のぼる）：第 1 章担当
　　中京大学名誉教授、名古屋経済大学名誉教授

水野 清文＊（みずの　きよふみ）：第 2 章・第 4 章・第 6 章担当
　　名古屋学院大学准教授

萩原 俊彦（はぎわら　としひこ）：第 3 章担当
　　名古屋経済大学教授

伊部 泰弘（いべ　やすひろ）：第 5 章担当
　　新潟経営大学教授

宮坂 純一（みやさか　じゅんいち）：第 7 章・第13章担当
　　奈良学園大学名誉教授

寺澤 朝子（てらざわ　あさこ）：第 8 章担当
　　中部大学教授

松井 温文（まつい　あつふみ）：第 9 章・第12章担当
　　岡山商科大学教授

今光 俊介（いまみつ　しゅんすけ）：第10章担当
　　鈴鹿大学教授

井藤　哉（いとう　はじめ）：第11章担当
　　宮崎大学准教授

現代経営学の構図

2020年4月7日　初版発行

編　著　水野清文
発行者　長谷雅春
発行所　株式会社五絃舎
　　　　〒173-0025　東京都板橋区熊野町46-7-402
　　　　TEL・FAX：03-3957-5587
検印省略　ⓒ　2020
組版：Office Five Strings
印刷・製本：モリモト印刷
Printed in Japan
ISBN978-4-86434-115-8
落丁本・乱丁本はお取り替えいたします。
本書より無断転載を禁ず。